LES

FAITS ÉCONOMIQUES

ET

LE MOUVEMENT SOCIAL EN ITALIE

PAR

CLAUDIO JANNET

PROFESSEUR D'ÉCONOMIE POLITIQUE A LA FACULTÉ LIBRE DE DROIT DE PARIS

PARIS

L. LAROSE ET FORCEL, LIBRAIRES-ÉDITEURS

22, RUE SOUFFLOT, 22

1889

LES

FAITS ÉCONOMIQUES

ET LE MOUVEMENT SOCIAL EN ITALIE

LES
FAITS ÉCONOMIQUES

ET

LE MOUVEMENT SOCIAL EN ITALIE

PAR

CLAUDIO JANNET

PROFESSEUR D'ÉCONOMIE POLITIQUE A LA FACULTÉ LIBRE DE DROIT DE PARIS

EXTRAIT DU *CORRESPONDANT*

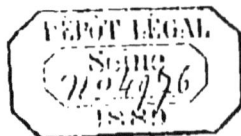

PARIS

L. LAROSE ET FORCEL, LIBRAIRES-ÉDITEURS

22, RUE SOUFFLOT, 22

1880

LES FAITS ÉCONOMIQUES

ET LE MOUVEMENT SOCIAL EN ITALIE

I. La situation commerciale et financière. — II. Le stock métallique et la
clause de liquidation de l'*Union monétaire latine*. — III. Les forces sociales
de l'Italie. — IV. L'émigration et la fécondité de la race. — V. Les colonies et les écoles italiennes dans le bassin de la Méditerranée. — VI. La
décentralisation et les familles municipales. — VII. L'éducation économique des classes supérieures et moyennes. — VIII. Les fondations
charitables ou *opere pie*. — IX. Les monts de piété, les caisses d'épargne
et les banques d'émission. — X. Les banques populaires. — XI. La décentralisation financière. — XII. L'usure et la coopération rurale. —
XIII. La destruction de la petite propriété par le Fisc. — XIV. Les rapports agraires : le fermage et le métayage. — XV. La condition des ouvriers des manufactures et du peuple des villes. — XVI. Le socialisme.
— XVII. La situation religieuse. — XVIII. Les œuvres catholiques ouvrières. — XIX. La question romaine et son influence sur l'état politique
et social du pays.

I. — La Banque allemande soutient artificiellement les cours de la
rente italienne par des motifs politiques et par la raison qu'elle en
détient de grandes quantités; mais la situation financière et économique du pays est toujours aussi déplorable qu'il y a quelques mois [1].
Les financiers les plus autorisés de l'Italie, M. de Johannis, M. Luzzati,
le comte Jacini, les uns après les autres, jettent le cri d'alarme en
présence de la catastrophe que préparent l'emprunt à jet continu et
des dépenses militaires hors de proportion avec les ressources nationales [2]. La dette *consolidée* du royaume montait, au 1er janvier 1889,
en capital à 9 984 212 117 francs et en intérêts à 488 millions. En y
ajoutant un certain nombre de dettes spéciales administrées par le
Trésor, mais sans compter la dette viagère, c'est une charge totale
de près de 11 milliards et demi en capital et de 530 millions en intérêts. En cinq ans la dette publique a augmenté de 1328 millions,

---

[1] Voy. le *Correspondant* du 25 novembre 1888.
[2] Dans le seul exercice 1887-88 les dépenses faites pour la colonie de
Massouah sont montées à 43 206 951 francs.

dont une partie seulement a été employée en construction de chemins de fer. Le reste a servi à combler le déficit périodique des budgets.

On a eu beau changer de ministre des finances trois fois en six mois et renverser la commission du budget, toutes les discussions de Monte Citorio ont eu pour résultat de démontrer l'impossibilité de faire des économies, sauf quelques millions gaspillés pour des intérêts électoraux, à moins de renoncer aux expéditions lointaines et au rôle agressif que Crispi, le dictateur parlementaire, rêve pour le pays.

La rupture des relations commerciales avec la France a rendu aiguë une crise agricole que l'excès des impôts et la concurrence des pays nouveaux avaient déjà préparée. Les riches plaines de la Lombardie et de la Vénétie sont ruinées par l'arrêt de l'exportation de leurs bestiaux, de leurs volailles, de leurs œufs, comme le Sud l'est par la dépréciation de ses vins. Dans les Pouilles et la Sicile, on avait substitué dans de larges proportions la vigne à la culture des céréales. L'Italie était ainsi arrivée à avoir en 1888 une récolte de plus de 30 millions d'hectolitres, presque égale à celle de la France : mais, au lieu d'exporter chez nous 2 782 707 hectolitres comme en 1887, elle n'en a plus exporté que 817 360. Aussi le prix du vin, qui était en 1886-87 sur le marché de Cevignole, dans la Pouille, de 18 à 15 francs, est tombé en 1888-89 à 9 et 7 fr. 50 l'hectolitre. Encore ne peut-il se vendre. Les Suisses et les Allemands n'ont pas renoncé à la bière pour consommer les vins de leurs voisins et alliés, comme l'imaginaient les imprudents qui ont fait commettre à l'Italie cette faute énorme. L'émigration a pris dans la Vénétie et le Sud des proportions inquiétantes. La propriété rurale est sous le coup d'une expropriation presque générale, et, malgré les protestations des ministres des finances, au lieu d'augmenter les impôts, il a fallu recourir à divers expédients de trésorerie pour boucler les budgets.

Le régime protectionniste a abouti à un échec complet. Les exportations qui, en 1887, avaient été de 999 millions, sont tombées en 1888 à 891 millions, soit 108 millions de moins, qui portent principalement sur les produits agricoles ; encore ne tient-on pas compte dans ces évaluations de la baisse de plus de moitié du prix des vins. Les importations, de 1601 millions en 1887, sont tombées à 1174 millions en 1888. Les deux premiers mois de 1889, comparés à ceux de 1888, ont donné encore une diminution de 48 millions aux importations et de 16 800 000 francs aux exportations. A partir du 1ᵉʳ mars 1889, où la comparaison s'établit avec les mois qui ont suivi la rupture des relations commerciales avec la France, un certain relèvement se produit ; mais les importations et les exportations sont encore très inférieures à ce qu'elles étaient en 1887 et 1886.

Cela fait les affaires d'un petit nombre d'industries, des fabriques de laine et de quelques établissements sidérurgiques qui vivent dans des conditions artificielles; car, l'Italie ne produisant presque pas de houille, ils sont obligés de s'approvisionner avec du charbon anglais. Mais la souffrance du peuple et la ruine du pays sont prouvées par la grande diminution des importations de denrées coloniales et de tabac, par la réduction de la consommation de l'eau-de-vie, par la baisse des recettes des postes et par le moindre rendement de la loterie. A ce dernier trait, quiconque connaît le peuple italien comprendra combien il faut que la misère soit devenue profonde dans les couches inférieures. L'agriculture n'a nullement profité du droit de 5 francs par 100 kilos établi sur le blé. Il a eu pour résultat d'en porter le prix en moyenne à 24 francs et celui du kilogramme de pain à 40 centimes. Ces prix sont semblables à ceux de la France; mais nos consommateurs peuvent les supporter, parce que les salaires sont en proportion; tandis qu'en Italie, où les salaires sont de moitié moindres en moyenne, ils sont exorbitants. Sous l'action de ces droits, la consommation du maïs a remplacé dans une large mesure celle du froment et la *pellagra* s'est développée parallèlement [1].

La France n'a pas gagné assurément ce que l'Italie a perdu. Les prix du bétail, des fromages et du vin n'ont nullement été améliorés par suite de l'exclusion des produits italiens. L'Espagne, le Portugal et surtout l'Algérie nous ont fourni leurs vins à la place de ceux de la Pouille et de la Sicile [2]. Quant aux soies italiennes, elles ont passé par la Suisse pour venir à Lyon, en sorte que nos sériciculteurs n'y ont rien gagné. D'autre part nos exportations de lainages, de cotonnades, de livres, d'orfèvrerie, de modes et confections, de maroquinerie, de tabletterie ont souffert de la perte du débouché italien et il est à craindre que les produits autrichiens et allemands ne prennent définitivement la place des nôtres grâce à leur bon marché.

Malgré ces pertes réelles, il n'est personne qui n'ait haussé les épaules quand M. Crispi a prétendu que la France souffrait plus que l'Italie de la guerre de tarifs inaugurée en 1888 [3]!

[1] Voy. un article publié par un économiste italien très distingué, le marquis Vilfredo Pareto, dans le *Journal des Economistes*, de mai 1889.

[2] L'importation en France des vins d'Espagne a monté en 1888 à 7,705,015 hectolitres, au lieu de 7,151,000 en 1887; celle de Portugal à 1,111,268 hectolitres au lieu de 821,759 et celle d'Algérie à 1,222,561 hectolitres au lieu de 768,804. Notre France d'outre-mer sera bientôt en état de fournir complètement à nos besoins.

[3] Tous les Italiens qui n'ont pas un intérêt industriel ou de politique, reconnaissent le tort qu'a porté à leur pays l'interruption des rapports commerciaux avec la France. Le 16 juillet, les élections pour la Chambre de commerce de Milan ont donné une majorité considérable à la liste qui a pris leur reprise pour programme.

Après les campagnes, les villes ont été atteintes par la crise. Le nouveau régime avait en somme favorisé les villes en y concentrant les dépenses gouvernementales et les travaux publics. Le système de l'impôt, dans son ensemble, ménage davantage le capitaliste que le cultivateur. Enfin il faut tenir compte des dépenses considérables qu'y font les riches étrangers attirés par les arts et surtout le concours des catholiques à Rome. Non seulement ils y viennent en pèlerins; mais ils y créent sans cesse de nouveaux établissements [1].

Mais ces causes de richesse que l'Italie doit à la nature et à la religion ont des limites, et la misère générale du pays a eu son contre-coup dans les villes. L'exagération des constructions a amené à Rome une crise d'autant plus grave qu'elles dépassent de beaucoup les besoins et que leur prix très élevé, à cause des droits d'octroi, ne permet pas au peuple de profiter de ces immenses bâtisses. La spéculation avait donné une valeur factice aux terrains. Le jour où le crédit a été impuissant à la soutenir, les entrepreneurs ont dû s'arrêter laissant les maisons inachevées. Les banques qui avaient avancé des fonds ont été ébranlées, les propriétaires, et parmi eux plus d'un prince romain, ont vu leurs spéculations tourner à la ruine et les ouvriers appelés imprudemment de la campagne et des petites villes ont été laissés sans ressources. Ce qui s'est passé à Rome au mois de février et a amené pour la première fois les redoutables manifestations de la faim, peut se renouveler au premier jour à Naples et dans d'autres villes, malgré la patience du peuple.

II. — La situation monétaire contribue à rendre précaire la situation économique. Le taux de l'escompte et celui de l'intérêt sont toujours à Milan et à Rome supérieurs d'environ 2 pour 100 à ceux des autres places européennes. L'obligation où l'Italie a été de contracter ses emprunts à l'étranger, le régime du cours forcé, auquel elle a été soumise de 1866 à 1881, ont eu pour résultat de faire disparaître presque complètement le numéraire et particulièrement l'or de la circulation. Quoique le cours forcé ait été aboli officiellement, en fait une série de vexations administratives rend impossible l'échange

---

[1] On est frappé à Rome de la somme énorme que représentent les dépenses des ambassades près du Saint-Siège et des deux mille étudiants ecclésiastiques qui y passent toute l'année. Toutes les nations, tous les ordres religieux ont pour leurs étudiants ou leurs représentants des édifices considérables. Dans ces dernières années, ces constructions se sont multipliées, et celles-là sont réellement une source d'enrichissement pour le pays. En même temps que le Séminaire français s'agrandit, les Sulpiciens de Montréal viennent de faire construire, *via dei Quatro Fontane* un collège pour les étudiants Canadiens qui, par sa splendeur, témoigne de l'avenir et de la vitalité de cette nouvelle nation catholique.

des billets et le public ne voit ni pièces d'or ni écus. Tous ceux que les étrangers apportent sont soigneusement recueillis dans les caisses des banques ou du Trésor pour fortifier leurs réserves. L'Italie peut en effet se trouver d'un jour à l'autre dans un embarras très grand, si l'*Union monétaire latine*, qui, à partir du 31 décembre 1889, peut être dénoncée, venait à l'être par quelqu'une des puissances signataires, la France, la Belgique, la Suisse, la Grèce. D'après la clause de liquidation consignée dans l'article 14 de la Convention, chaque puissance, en cas de dissolution de l'Union, est tenue de rembourser en or les pièces de 5 francs émises par elle et qui se trouveraient en la possession des autres puissances après la compensation et l'échange des pièces étrangères. Or la France et la Suisse détiennent beaucoup plus de pièces italiennes que l'Italie ne détient de pièces des autres pays. Elle est donc sous le coup d'un remboursement qui épuiserait ses dernières réserves métalliques. Le gouvernement se précautionne contre cette éventualité avec beaucoup d'énergie et il emmagasine soigneusement l'or et les pièces de cent sous italiennes, de sorte que, depuis deux ou trois ans la quantité en circulation en France a diminué. En temps ordinaire, on estime à 60 000, le nombre des voyageurs qui passent une partie de l'année en Italie et qui, appartenant aux classes les plus riches, font dans le pays des dépenses fort importantes. En 1888 ce nombre a été bien dépassé grâce au Jubilé de Léon XIII. Cela a contribué, autant que le placement à Londres et à Berlin des obligations des chemins de fer méridionaux jusqu'à concurrence de 313 millions, à améliorer le cours du change dans les derniers mois, en sorte que de ce chef encore M. Crispi est redevable à cette Papauté qu'il insulte et persécute.

Malgré tout, le stock monétaire du Trésor et des banques d'émission ne montait pas, au 30 juin 1888, à plus de 605 millions, dont 461 en or. C'est à peu près tout le numéraire qui existe en Italie, et l'année écoulée depuis n'a pas sensiblement amélioré la situation.

La dénonciation de l'Union monétaire se produisant, l'Italie serait rejetée immédiatement dans le cours forcé. En effet la circulation des billets des six banques d'émission a déjà été portée au delà de la limite fixée par la loi. Il est prouvé que si les banques ont violé ainsi les prescriptions légales, c'est par suite de la pression exercée sur elles par le gouvernement pour qu'elles étendent leurs crédits et soutiennent le commerce à bout de ressources. Des révélations singulièrement instructives sur la pression exercée sur les banques de Naples et de Sicile et sur la *Banca Romana* ont été faites au Parlement.

Pour liquider cette situation et en même temps pour parer à la reprise du cours forcé, le projet de loi sur les banques d'émission, déposé au mois de juin par le ministre des finances, autorise les banques à élever la circulation de leurs billets de 775 millions à 1050 millions. C'est une application de ce qu'on appelle, en termes galants, la théorie de l'*expansion du crédit*.

III. — Nous ne souhaitons pas cependant que la France fasse usage de l'arme redoutable que la Convention constitutive de l'Union monétaire latine a mise entre ses mains. En matière économique, le mal de l'un n'est pas le bien de l'autre. Puis, en Italie comme ailleurs, la société vaut mieux que le gouvernement. Elle a de grandes forces de résistance dans la puissance d'expansion de sa race, dans les traditions persistantes d'autonomie municipale, dans la décentralisation financière réalisée par les banques populaires, dans les patrimoines collectifs, reste des fondations du passé, dans les bons rapports ruraux des régions où règne le métayage et dans la foi religieuse de ses populations.

Jusqu'à ces dernières années, la Révolution, quoique ayant gravement ébranlé le principe du droit, avait assez respecté ces assises de la société. Les éléments modérés et conservateurs sur le terrain économique avaient gardé la direction des affaires : malheureusement aujourd'hui la secte, qui impose au Parlement et à la nation la domination de Crispi, menace les institutions domestiques autant que la paix extérieure du pays. Néanmoins nous croyons être plus utiles à nos concitoyens en leur signalant ces traits excellents de la constitution sociale de nos voisins qu'en insistant plus longuement sur les faiblesses de leur situation financière.

IV. — La question de l'émigration est de celles qui préoccupent le plus vivement l'opinion. De tout temps un grand nombre de terrassiers, de manœuvres, de maçons, allaient pendant une partie de l'année chercher du travail dans les pays voisins et au bout de quelques mois rentraient dans leurs foyers avec un pécule : c'est ainsi que les Lucquois vont faire la moisson en Corse; les Génois remplissent les fabriques et les ports de Marseille; nos chantiers de travaux publics dans tout l'Est sont, en majeure partie, alimentés par des Piémontais. Quant aux montagnards de la Lombardie et de la Vénétie, ils vont en Suisse, en Autriche et jusque dans les Balkans attirés par des salaires supérieurs à ceux qu'ils trouvent chez eux. Cette émigration temporaire non seulement s'est maintenue, mais elle s'exerce encore à des distances inconnues autrefois. Beaucoup d'Italiens vont travailler l'été à New-York et au bout de six mois ils reviennent, rapportant de 400 à 600 francs d'économies. Nos compagnies de navigation et nos chemins de fer les transportent à des tarifs qui rendent possible cette spéculation.

Cette émigration temporaire a depuis quelques années ouvert la route à une émigration définitive qui prend de grandes proportions. Sous l'action de la détresse agricole, des familles entières quittent la Vénétie et les provinces méridionales pour aller soit aux États-Unis, soit surtout dans l'Amérique du Sud. Le mouvement s'étend de proche en proche et commence à gagner les Marches et le Piémont.

En 1876, la statistique relevait 89 013 émigrants temporaires et 19 756 émigrants classés comme définitifs d'après le lieu pour lequel ils ont demandé un passeport dans leur commune d'origine. Le chiffre des émigrants temporaires, à part quelques fluctuations, est resté le même : mais celui des émigrants définitifs est monté en 1886 à 85 355, en 1887 à 127 748, en 1888 à 193 211. Encore à ces chiffres faudrait-il ajouter de nombreux réfractaires et beaucoup d'émigrants classés comme temporaires, qui, après quelques mois de séjour en France, s'embarquent à Marseille ou au Havre pour Buenos-Ayres ou New-York.

Le développement si rapide de cette émigration est causé évidemment par la misère. Dans les provinces d'Udine, de Belluno, de Trévise, ce ne sont pas seulement des *braccianti*, mais de petits propriétaires qui abandonnent leurs domaines. Des terres restent incultes, et les grands propriétaires se plaignent de la raréfaction de la main-d'œuvre. Trop heureux si la crise amenait dans ces régions une réorganisation des rapports agraires et faisait hausser les salaires !

. Le gouvernement a pris vis-à-vis de l'émigration une attitude taquine et impuissante. Constamment il fait publier des nouvelles défavorables sur le sort des émigrants, en taisant les exemples de réussite. M. Crispi avait voulu faire voter une loi pour l'entraver, dans laquelle des peines étaient édictées contre les syndics et les curés qui conseilleraient l'émigration ! La loi promulguée le 31 décembre 1888 a dû se borner à réglementer les opérations des agences d'émigration et à prendre quelques mesures protectrices pour les passagers qu'elles embarquent sur leurs navires. La seule chose pratique à faire serait de multiplier les consulats dans les pays où ils abordent de manière à les protéger dans les cas individuels.

Mais l'émigration a d'autres causes que la misère, Mgr Scalabrini, l'éminent évêque de Plaisance, l'a dit avec une grande justesse :

L'émigration est un fait naturel, providentiel. C'est un échappement de sûreté donné par Dieu à la société travaillée par tant d'intérêts, une force conservatrice plus puissante que tous les freins matériels imaginés et mis en œuvre par les législateurs pour garantir l'ordre public et protéger la vie et les biens des citoyens.

Cette cause mystérieuse est le grand accroissement de la population. En 1770, les territoires qui composent l'Italie actuelle n'avaient d'après M. Levasseur que 14 689 317 habitants. Elle en a en 1889 environ 30 millions et demi. Avec une superficie de 286 588 kilomètres carrés, cela fait près de 105 habitants par kilomètre. L'Autriche-Hongrie n'en a que 61, la France 71, l'Empire d'Allemagne 84, l'Espagne 33. La Belgique, la Hollande, la Grande-Bretagne ont seules des densités supérieures, et ces pays offrent à leurs habitants comme richesse agricole et développement manufacturier des ressources bien supérieures à celles de l'Italie.

Depuis 1871 seulement, sa population a augmenté de plus de 3 millions et demi d'âmes. Certaines causes qui tendaient autrefois à restreindre les mariages, comme l'habitude de vivre en familles patriarcales et la multiplication des couvents, n'ont plus la même action de nos jours. Le nombre des naissances est resté considérable, et la bourgeoisie donne sous ce rapport l'exemple au peuple. Les familles de dix et douze enfants sont très fréquentes dans toutes les classes. L'excédant annuel des naissances sur les décès a été en moyenne depuis quatre ans de 101 par 10 000 habitants, tandis qu'il n'est que de 26 en France. N'était la mortalité causée par la misère, l'Italie marcherait du même pas que le Royaume-Uni, qui a un excédent annuel de près de 130 pour dix mille habitants, les pays scandinaves de 120 et l'Allemagne de 110. Il lui reste encore un excédant total de 300 000 à 350 000 âmes par an. Aussi sa population est de celles qui sont appelées à déborder sur les autres parties du monde.

L'émigration italienne ne peut qu'aller en se développant : quelques villages, par trop pauvres, peuvent bien se dépeupler ; mais l'ensemble de la population, cela résulte des chiffres ci-dessus, continue à croître.

C'est une grande erreur de croire que l'émigration ruine l'Italie. Elle vit au contraire en grande partie des économies et des envois d'argent de ses émigrants. L'ouvrier napolitain, frugal, honnête, habile, établi en Amérique, dit un observateur autorisé, arrive à envoyer chaque année à sa famille 4 à 500 francs en or [1]. Cela aide le Trésor, en définitive, à faire à l'étranger les remises en or qu'il doit pour le paiement de la dette. Le nombre des retours, et généralement ce sont ceux qui ont réussi, est considérable. En 1881, le recensement constatait la présence de 100 821 Italiens nés à l'étranger. En 1891, ce chiffre sera bien plus considérable.

Les Italiens, établis à l'étranger, forment déjà des populations considérables. Aux États-Unis, ils sont en grand nombre à New-York et à Boston. Beaucoup travaillent dans les mines de pétrole et de houille de la Pensylvanie. Leurs habitudes de vie essentiellement inconfortables et les salaires très bas dont ils se contentent leur font une position

---

[1] *Annali di statistica*, 2e série, t. VIII, p. 179.

difficile vis-à-vis des ouvriers indigènes et des Irlandais, qui leur reprochent de faire baisser le taux de la main-d'œuvre [1].

Ce sont surtout le Brésil, la République Argentine et l'Uruguay qui les attirent. Des agences de colonisation les engagent à l'avance, payent leur passage et les envoient ensuite dans des établissements agricoles. Une émigration dans ces conditions entraîne beaucoup de souffrances et d'abus; mais, malgré tout, la race italienne prend pied dans ces régions. Elle compte plus d'un million de représentants dans l'Argentine, soit le quart de la population. C'est un facteur ethnique fort important : mais sont-ils à même d'y créer une Italie américaine, comme le disait récemment le *Spectator* de Londres? On en peut douter : car la race hispano-américaine a une vigueur politique et une supériorité sociale acquise telles qu'elle les marquera vraisemblablement de son empreinte, comme les *Yankees* l'ont fait pour toutes les immigrations du vieux monde.

L'Église s'est émue de la détresse morale et matérielle de ces malheureux. L'un des évêques les plus zélés de l'Italie, Mgr Scalabrini, a appelé l'émotion publique sur leur sort par de chaleureux écrits. En même temps, il a mis la main à l'œuvre : il a provoqué la formation d'une société nationale de protection pour les émigrants qui va établir des agences dans les principaux points d'embarquement et d'arrivée. A sa voix, des prêtres zélés se sont consacrés à les accompagner sur les navires transatlantiques et à employer le temps de la traversée à les instruire et à les fortifier moralement. Un séminaire spécial pour les missions américaines a été créé à Plaisance, et le Saint-Père a adressé aux évêques des États-Unis un bref pour leur demander d'ériger autant que possible des paroisses spéciales pour les immigrants italiens. Déjà des sœurs Salésiennes de la congrégation de don Bosco ont ouvert des écoles à New-York.

V. — Si le gouvernement s'occupe fort peu de ses nationaux émigrés en Amérique, il agit tout autrement à l'endroit des colonies nombreuses et généralement riches qui sont établies dans le bassin de la Méditerranée. D'après l'*Annuario statistico* pour 1887-88, il y avait 34 000 Italiens en Algérie, 11 000 en Tunisie, 16 000 en Égypte; d'autres groupes se sont formés en Syrie, en Albanie, à Smyrne, à Constantinople et des émigrants vont chaque année les renforcer.

Ces colonies ont créé partout des écoles nationales pour conserver

---

[1] Le message du président Harrisson du 4 mars 1889 se termine par des menaces à l'encontre des immigrants pauvres qui semblent viser spécialement les Italiens. V. dans *the Catholic World* de février 1888 un article sur la condition sociale et religieuse des Italiens à New-York, qui fait ressortir leur infériorité vis à vis des autres immigrants.

et propager leur langue [1]. A Alexandrie, notamment, deux collèges peuvent conduire les jeunes gens et les jeunes filles jusqu'à l'université. Le gouvernement donne de larges subventions à ces établissements et il a voulu les prendre de plus en plus sous sa direction en les soumettant à l'inspection de fonctionnaires envoyés de Rome, en leur imposant les livres scolaires approuvés par le ministère. On connaît le conflit qui est né en Tunisie de cette prétention.

Mais M. Crispi, emporté par sa haine de sectaire, va contre son but en repoussant le concours de la grande *Associazione nazionale di soccorso ai missionarj cattolici italiani*, qu'a fondée, en 1885, le professeur Conti. Cette association a assurément un but religieux; mais elle a aussi un but national très marqué et elle ne cache pas son désir de rivaliser non seulement avec les écoles de l'*Alliance française*, mais encore avec celles des Jésuites et des Frères de la doctrine chrétienne qui, d'après elle, propagent trop exclusivement la langue française et subissent l'influence du cardinal Lavigerie, ce cauchemar du chauvinisme italien! En fait presque partout et surtout là où les colonies italiennes ne sont pas riches, les missionnaires ont été seuls à fonder des écoles. Ce sont des Franciscains, des Capucins, des Sœurs du Tiers-Ordre, qui enseignent l'italien à Alep, à Tripoli de Syrie, à Larnaca, dans la Haute-Égypte, à Smyrne, à Beyrouth, à Trébizonde, dans l'Albanie. Les Mékittaristes enseignent aussi en italien dans les écoles arméniennes qu'ils ont à Chalcédoine, à Smyrne, à Trébizonde et dans plusieurs autres localités [2]. Quoique les écoles subventionnées par l'*Associazione* arborent le drapeau italien et célèbrent avec enthousiasme la fête du roi Humbert, M. Crispi les accuse de manquer de loyauté et de sympathiser avec la France par cela seul qu'elles sont catholiques. Il voudrait laïciser les écoles italiennes tenues à l'étranger, ce qui prouve sa connaissance des choses de l'Orient!

Sa passion l'aveugle étrangement. Si l'influence italienne est menacée dans le Levant, si vraiment, depuis 1870, la langue française gagne du terrain comme il le dit, c'est surtout par suite de la diminution du nombre des missionnaires. En 1874, il y avait 414 Capucins italiens dans les missions; en 1888, il n'y en a plus que 239. A qui la faute, si ce n'est aux lois qui, en soumettant les novices au service militaire et en spoliant les couvents, diminuent fatalement les vocations?

---

[1] *Il Diritto* de Rome du 3 mars 1889 nous apprend l'existence de plusieurs écoles italiennes à Marseille. On connaissait déjà celles de Nice.

[2] Voy. les documents publiés dans la *Rassegna nazionale* des 1er mars, 1er et 15 juillet 1889 et par la *Civiltà cattolica* du 20 juillet 89. Ils méritent toute l'attention de nos diplomates et de nos hommes politiques.

VI. — Malgré son unité politique et une centralisation administrative modelée dans ses grands traits sur le régime français [1], l'Italie jouit, en fait, d'une décentralisation intellectuelle et financière précieuse. Ce qui rend notre centralisation si redoutable, c'est que la machine bureaucratique a pour point d'appui une agglomération telle que Paris, qui, avec ses deux millions et demi d'habitants, pour ne pas dire trois, forme la treizième ou la quatorzième partie de la population française. L'Italie ne connaît pas heureusement cette absorption des forces morales et économiques de tout le pays par une capitale.

Rome, malgré l'augmentation d'habitants que lui a donné l'établissement du siège du gouvernement (350 000 environ, en 1889) et les efforts systématiques pour la développer artificiellement, est une capitale politique comme Washington et un centre religieux unique. Mais l'industrie ne s'y transportera jamais et la ceinture fiévreuse que lui fait l'*agro romano* empêchera toujours qu'elle soit une ville de plaisir. Les députés n'y amènent pas leurs familles. Ils sont toujours sur les chemins de fer, allant et revenant chez eux. Plus d'un ministre même loge en garçon à l'auberge. En dehors des anciennes familles romaines et des fonctionnaires qui ont bien été forcés d'y venir et qui y créent un certain mouvement, aucune grande famille de Naples, de Florence, de Turin, de Milan, ne s'est fixée à Rome. Ces villes sont restées des foyers intellectuels bien plus actifs, des centres de plaisir bien plus attractifs. On en jugera par ce fait. L'université de Rome, qui a été constituée en 1871 avec une partie des professeurs de la Sapience et avec les savants les plus renommés que l'on ait pu trouver dans le pays et à l'étranger, n'occupe que le quatrième rang. Elle n'était arrivée, en 1887, qu'à 1231 étudiants, tandis que Naples en avait 4083, Turin 2102, Bologne 1338. Padoue, Palerme, Pavie en ont presque autant. Ces chiffres donnent une idée de l'importance relative des divers foyers de la vie locale.

Sans parler des anciennes capitales, Florence et Naples, Turin et Venise, les centres secondaires comme Pise, Lucques, Modène, ont bien plus d'importance relative que les villes françaises de même population. Les Italiens savent unir à une passion très vive pour l'unité, qui leur a tant coûté, un amour non moins grand pour l'autonomie municipale. Nous disons municipale; car la formation des anciens États

---

[1] Par la force des choses la centralisation administrative fait des progrès constants. Il y avait jusqu'à cette année cinq Cours de cassation ayant la plénitude de la juridiction. Une loi votée en 1889 a attribué à la Cour de cassation de Rome toutes les affaires pénales, ne laissant plus que la juridiction civile à celles de Naples, Florence, Turin et Palerme. En attendant qu'on les supprime tout à fait, elles ont été réduites à une seule chambre.

qui s'est faite aux seizième siècle était si faible que, sauf pour la Sicile et l'ancien royaume de Naples, il n'est pas resté de vie provinciale bien distincte. Avant la Révolution française, les États de terre ferme de Venise, les États pontificaux, la Toscane, n'étaient pas des royaumes unitaires, mais plutôt des fédérations de municipalités administrées par des patriciats sous le patronage de la République sérénissime, du Saint-Siège, des grands-ducs [1].

Cette autonomie persistante tient avant tout aux traditions qui s'incarnent dans les monuments, dans des fondations charitables, enfin dans des familles municipales liées étroitement à l'histoire de chaque ville. Le *popolano* italien, sous ses haillons et avec son défaut d'instruction primaire, apprécie beaucoup plus ses monuments et ses souvenirs historiques que d'autres peuples plus ferrés sur la lecture et l'écriture. Dante est bien plus populaire que Shakespeare. Tous les lieux qu'il a illustrés par son immortel poème sont restés consacrés. C'est la *Divina commedia*, peut-on dire, qui a créé la patrie italienne et les parties de la péninsule que Dante a laissées en dehors de son cadre, le Piémont, la Sicile, Naples, la Sardaigne, demeurent encore comme des annexes géographiques ou politiques de l'Italie sans être pénétrés jusqu'à la moelle par le courant de la vie nationale.

La noblesse féodale a disparu de très bonne heure en Italie sous les efforts des communes. La nouvelle noblesse, qui s'éleva dans les villes, fut un patriciat sachant unir le culte des arts et l'amour de la chose publique à l'exercice du commerce et de la banque [2]. Dès le quinzième siècle, Pogge dans son traité *De nobilitate* faisait ressortir la grande différence qui existait entre la conception de la noblesse dans les cités italiennes et le reste de l'Europe. Si l'on excepte les princes romains, qui forment une société fermée, les grandes familles napolitaines et quelques races militaires du Piémont, attachées à la fortune de la maison de Savoie, la noblesse des villes italiennes a conservé les traits distinctifs de ses ancêtres. Elle est demeurée en contact avec la bourgeoisie, n'a pas perdu le goût des affaires, et, grâce à sa simplicité de vie, n'a pas été éliminée du mouvement économique moderne. La facilité des manières est très frappante non seulement

---

[1] Ce caractère était très marqué dans les États Pontificaux. La république de Bologne, par exemple, avait un ambassadeur auprès du Saint-Siège. Le Souverain Pontife ne gouvernait directement que l'ancien patrimoine de Saint-Pierre. Quand, après 1814, on voulut gouverner les Marches et l'Ombrie par des *monsignori*, appelés délégués et subdélégués et modelés sur les préfets et les sous-préfets français, l'esprit de l'ancienne constitution fut en réalité changé complètement.

[2] Nous citerons seulement ici, parce qu'il s'agit d'une ville de troisième ordre et peu connue à l'étranger, l'intéressante étude du comte Cesare Sardi : *Dei Mecenati Lucchesi nel secolo XVI.* (Lucques 1882, in-8°.)

dans les rapports avec les tenanciers ruraux, mais encore avec les
domestiques. Elle contraste avec la morgue qui règne dans les maisons
aristocratiques d'Allemagne et d'Angleterre. C'est un des traits que Le
Play a signalés justement à l'honneur des peuples du Midi : aussi l'on
ne rencontre pas dans la bourgeoisie italienne et dans le peuple cette
sourde défiance de la noblesse qui, depuis le milieu du dix-huitième
siècle, est une des causes de notre désorganisation sociale.

Le suffrage populaire se porte volontiers vers ces familles municipales, et, si le pays sortait des divisions politiques dans lesquelles la
Révolution l'a jeté, elles auraient facilement, dans la conduite des
affaires publiques, un rôle semblable a celui qu'a la noblesse anglaise,
par l'effet des mœurs bien plus que par la constitution de la Chambre
des lords [1]. Ces familles se sont maintenues grâce aux bonnes mœurs
domestiques, à l'esprit d'économie et aussi aux coutumes successorales
qui font toujours préférer les mâles aux femmes [2]. Ces coutumes leur
sont d'ailleurs communes avec la bourgeoisie. La conservation en est
rendue possible par le Code civil italien d'après lequel la quotité
disponible est toujours de la moitié au moins du patrimoine.

Par un de ces contrastes qui caractérisent le pays, le ministère
Crispi, composé de farouches démocrates, a institué à la fin de 1888
un conseil héraldique pour statuer sur toutes les questions relatives à
la noblesse! Malheureusement la fiscalité tient une grande place dans
les collations de titres assez nombreuses que fait la Couronne [3].

'VII. — Les classes riches doivent une partie de leur capacité à
l'enseignement qu'elles reçoivent. L'économie politique est née en
Italie dès le dix-septième siècle. Au milieu du dix-huitième, Genovesi
l'enseignait à Naples, Beccaria à Milan et en Toscane les vérités de la
science étaient acceptées couramment alors que Quesnay et ses dis-
ciples s'enveloppaient encore dans un langage d'augure. Une large
place leur est faite dans les vingt-trois universités du pays. Chaque

[1] Le Sénat italien est composé en majeure partie de fonctionnaires.
Les personnes qui souhaitent lui donner plus de vie, comme le marquis
Alfieri, voudraient qu'il représentât les grandes catégories d'intérêts nationaux; mais il ne saurait être question d'en faire une pairie sur le modèle
de la Chambre des lords ou de notre Chambre des pairs sous la Res-
tauration. L'opinion ne l'admettrait jamais.

[2] Le droit d'aînesse proprement dit n'a existé que pour les majorats
constitués au dix-septième siècle et au dix-huitième au profit des princes
romains et de quelques autres grandes familles; mais il a toujours répugné
aux mœurs nationales. Les fidéicommis de famille et les majorats ont été
abolis dans toutes les provinces de 1817 à 1870.

[3] Voy. dans la *Rassegna nazionale* du 1er mars 1889 un excellent article
du marquis Riva San Severino, la *Nobiltà gentilizia*.

2

faculté de droit a des chaires d'économie politique, de statistique, de science des finances, de droit administratif, de science de l'administration. L'économie politique est aussi enseignée dans les 342 instituts techniques du gouvernement ou des communes qui remplissent d'ailleurs assez mal leur rôle d'enseignement secondaire spécial.

Sans doute les universités et les instituts techniques multiplient cette plaie du déclassement qui est presque universelle. La politique est en Italie une carrière et la plus encombrée de toutes. Les fonctions publiques les plus infimes sont l'objet de compétitions dont on jugera l'ardeur par ce fait. En juin le ministre des postes a mis au concours 60 places d'employés subalternes. Le nombre des concurrents a été de 11 000 parmi lesquels plus de 200 étaient pourvus de grades universitaires! Mais, cette réserve faite sur la surabondance de l'instruction, les universités et les instituts techniques ont répandu dans les classes moyennes des connaissances économiques qui rendent possible la décentralisation financière dont nous parlons plus loin.

L'on ne saurait trop louer par contre la fondation, à Florence, sur le modèle de notre *Ecole des sciences politiques et administratives*, de l'*Istituto di scienze politiche* destiné à préparer des jeunes gens d'élite aux carrières diplomatique et administrative. Cette fondation est due à la libéralité du marquis Alfieri di Sostegno, qui ne cesse de la soutenir par une discrète coopération. Là enseignent l'illustre philosophe Conti, l'historien Villari, l'éminent économiste de Johannis, Augusto Franchetti, le brillant traducteur d'Aristophane, et bien d'autres, en sorte que, quoique Florence n'ait pas d'université en titre, la généreuse initiative d'un citoyen l'a dotée d'une institution de premier ordre, sans qu'il en coûte un sou à l'État.

Cette école est un des rayons du vif foyer intellectuel qui brille à Florence et qui en fait la capitale scientifique de l'Italie. C'est là que l'école économique libre échangiste conserve toute sa force. Les œuvres de Le Play sont familières aux cercles éclairés et les productions d'un groupe d'études sociales, inspiré par le comte Bardi, ont contribué au succès de la *Rassegna nazionale*. Fondée par le marquis da Passano, il y a dix ans, cette revue est en voie de devenir pour l'Italie ce que la *Revue des Deux Mondes* a été pendant longtemps pour la France, mais avec un esprit plus chrétien.

Le marquis Alfieri est le neveu par alliance de Cavour, il appartient à la génération d'hommes qui a fait l'unité italienne. Aussi les difficultés administratives se sont aplanies devant lui et les jalousies des institutions officielles ont été impuissantes contre son œuvre.

Il n'en est pas de même pour les institutions catholiques. La liberté d'enseignement est bien plus resserrée en Italie qu'en France. A tous les degrés, des lois, imitées de l'Allemagne, exigent des professeurs des certificats spéciaux de capacité dont l'obtention est subordonnée en fait au bon plaisir des commissions administratives. Un très petit nombre d'établissements d'enseignement secondaire libres peuvent fonctionner. La fondation d'une université libre est absolument impossible. Non seulement les universités officielles ont le monopole des grades ; mais elles poursuivent avec acharnement la destruction des auditoires qui pourraient se former autour d'un homme de talent.

Léon XIII a fondé à Rome une *accademia delle scienze giuridiche ed istoriche* où enseignent les professeurs de l'ancienne Sapience qui n'ont pas voulu prêter serment au nouveau régime : M. Gatti, M. Camillo Rè, Mgr Talamo, M. Alibrandi, M. Natalucci, M. Lodovico Visconti. Ce sont des sommités scientifiques reconnues dans le monde entier : de mesquines persécutions ont obligé les élèves laïques qui veulent réussir aux examens à renoncer à suivre leurs cours. Et le gouvernement italien, qui empêche le Pape d'avoir de hautes écoles à lui, s'étonne qu'il se plaigne de n'avoir pas la liberté nécessaire à son magistère suprême [1] !

Pour en revenir au sujet qui nous occupe, la diffusion des notions économiques doit aussi beaucoup aux sociétés savantes. Les *Georgofili* de Florence, les *Lincœi* de Rome, l'*Accademia delle scienze morale e politiche* de Naples, celle de Milan lui font une large place dans leurs études. L'Italie ne possède pas un corps comparable à l'Institut de France ; mais ses académies locales ont bien plus de vitalité que les nôtres.

VIII. — L'Italie a échappé aux guerres de religion qui ont détruit la plupart des fondations du moyen âge chrétien en Allemagne, en Angleterre et même en France. La crise monétaire du seizième siècle, qui réduisit à rien un si grand nombre d'entre elles dans les campagnes, y fut moins sensible. Enfin pendant les deux siècles suivants, la piété toujours très vive dans la nation se manifesta par de nouvelles fondations. Un certain nombre ont été détruites pen-

---

[1] Le gouvernement a la haute main sur les universités, et c'est un *enseignement d'État* qu'elles dispensent. En 1881, un projet de loi présenté par le ministre Baccelli, sans établir la liberté de l'enseignement supérieur, donnait au moins aux universités existantes une large autonomie intérieure. On l'a discuté et voté en première lecture ; mais, par un accord tacite entre les partis, il a été enterré. Les universités italiennes souffrent beaucoup en ce moment de l'indiscipline des étudiants. Ils se livrent à des manifestations incessantes, et, grâce à la politique, les ministres de l'instruction publique leur donnent généralement raison contre l'autorité. Aussi, malgré le mérite de la plupart des professeurs, le niveau des examens a beaucoup baissé. Les petites universités, qui comptent peu d'étudiants, sont en somme celles où l'on travaille le mieux.

dant l'occupation française : à Lucques seulement, un patrimoine de
20 315 786 francs consacré à la religion et à la charité fut confisqué !
Mais il en a assez survécu pour qu'elles demeurent un des traits
caractéristiques de la constitution sociale de l'Italie. Une enquête officielle faite de 1880 à 1889 les a relevées toutes et a tracé dans ses
notices des tableaux très intéressants de la vie locale. Nous citerons
seulement deux exemples : l'*Archiconfrérie de la Miséricorde* et
les *Buoni Uomini di San Martino* à Florence, pour montrer
combien ces institutions servent au rapprochement des classes.

L'*Œuvre de la Miséricorde*, fondée au treizième siècle, a pour
objet de secourir les victimes des accidents du travail et d'ensevelir
les morts. Un poste de confrères est toujours en permanence sur la
place du Dôme, vêtus de leurs cagoules, prêts à accourir là où un
malheur se produit. Plus de six mille citoyens appartenant à toutes
les classes en font partie et se rencontrent dans des exercices pieux
communs et dans l'accomplissement de la charité [1]. Plus belle peut-
être est encore l'institution des *Buoni Uomini*, fondée en 1441 par
l'archevêque Saint Antonin pour soulager les misères secrètes résultant des révolutions politiques. Elle se compose de dix-huit membres
qui se recrutent eux-mêmes et elle secourt les pauvres honteux, en
observant un secret rigoureux. Sa règle fondamentale est de ne pos-
séder point de patrimoine et de dépenser immédiatement toutes les
aumônes qu'elle recueille. Jamais un soupçon ne s'est élevé contre son
ministère. Jamais non plus le flot des libéralités publiques n'a cessé
de couler vers la modeste chapelle où se réunissent chaque semaine
les *Buoni Uomini*. Faire partie de leur compagnie est le plus grand
titre d'honneur pour un citoyen florentin [2].

D'après la statistique officielle, il existait en 1880 21 819 œuvres
pies ayant un patrimoine de 1 731 050 870 francs avec un revenu brut
de 88 937 123 francs. Une partie notable de ce revenu, 8 131 263 francs,
est absorbée par les charges, rentes foncières, dîmes inféodées qui
continuent à grever une partie de ces biens. Les impôts de diverses
sortes prennent 14 941 764 francs et les dépenses d'administration
16 839 687 francs. La proportion entre ces genres de dépenses varie
beaucoup selon les provinces. En Sicile, en Calabre, en Sardaigne,
dans la Pouille l'impôt est relativement faible; mais les frais d'administration s'élèvent à des proportions évidemment exagérées. En Lom-

[1] Jaloux de l'influence religieuse et pacificatrice de l'Archiconfrérie de la
Miséricorde, les révolutionnaires ont formé une *Société de l'Assistance civique*,
dont les membres vont veiller les malades et transportent les morts le sabre
au côté. La Révolution en Italie verse fréquemment dans le bouffon.
[2] Voy. dans la *Rassegna nazionale* de 1884 l'article de M. Niccolò Martelli :
I Buoni Uomini di San Martino.

bardie, en Toscane, les impôts sont exorbitants pour les œuvres pies, comme pour les propriétés privées; ils vont jusqu'au quart du revenu; mais par suite de meilleures habitudes sociales, les dépenses d'administration sont bien moindres.

Grâce à d'autres ressources provenant de la charité toujours très active [1], ces œuvres pies pouvaient dépenser au profit de l'assistance 86 627 196 francs. Les tableaux classent en 33 catégories ces œuvres si nombreuses. On y trouve des hôpitaux de toute sorte, des fondations pour l'instruction primaire et supérieure, des secours pour toutes les misères. Une des formes que la charité a prise avec prédilection en Italie est celle des fondations pour doter les filles pauvres, qu'elles se marient ou qu'elles entrent au couvent. On n'en compte pas moins de 2986 ayant un patrimoine brut de 61 283 533 francs et dépensant 1 437 433 francs par an en dots.

Toutes ces œuvres ont un caractère essentiellement religieux, et les fondateurs les ont grevées d'obits qui diminuent dans une certaine proportion la somme qu'elles peuvent employer en dépenses d'assistance par la volonté même de ceux qui les ont créées [2].

La plupart sont administrées par des hommes honorables de la localité qui choisissent librement leurs employés et jouissent, sous la surveillance générale de l'administration supérieure, d'une grande liberté d'action. Elles sont à ce titre un élément important d'autonomie municipale et de patronage social [3].

Sans doute des abus existent dans la gestion de ces œuvres si nombreuses et si diverses, surtout dans le Midi; mais l'enquête a montré que les allégations faites à ce sujet étaient fort exagérées et que dans leur ensemble ce patrimoine était administré avec grande sagesse. Le revenu de leurs fonds ruraux, dont la valeur est de

[1] De 1881 à 1887, il a été fait en Italie pour 100 127 621 francs de legs pour des buts de bienfaisance. C'est une somme très considérable surtout pour le pays. Que de bien pourrait être fait si cette générosité était bien employée et s'attachait surtout à constituer des propriétés corporatives!

[2] On a fait figurer dans cette statistique 3533 œuvres pies pour le culte et la bienfaisance qui, avec un patrimoine de 95 551 616 francs, dépensent 3 034 132 francs au profit des pauvres et 2420 institutions pour le culte seulement, qui, avec un patrimoine de 26 891 515 francs dépensent en œuvres d'assistance 806 739 francs. Cela n'est pas évidemment leur but principal, et, en les comptant dans ces tableaux, on charge indûment les moyennes.

[3] Parmi ces *opere pie* un certain nombre contiennent des affectations spéciales au profit d'une classe déterminée de citoyens, par exemple, les membres d'une profession. D'autres fondations sont faites au profit des membres d'une famille et constituent une sorte de patrimoine familial collectif. L'art 902 du Code civil reconnaît ce genre d'institutions. Ces dernières sont tout à fait soustraites à l'intervention administrative et les difficultés qu'elles peuvent soulever relèvent uniquement des tribunaux civils.

436 721 531 francs, et de leurs maisons, dont la valeur est de
268 434 141 francs, est allé toujours en augmentant, en sorte que la
fortune des pauvres a profité des progrès économiques généraux.
C'était avec l'arrière-pensée de provoquer une vaste opération de
conversion que le ministre Depretis, un sectaire lui aussi, avait organisé l'enquête en 1880; mais elle a tourné absolument contre son but,
et le rapport déposé le 24 janvier 1889 par l'honorable député Costan-
tini débute par repousser énergiquement au nom du sentiment public
les projets de conversion en rentes sur l'État du patrimoine immobilier
des œuvres pies. Parmi les raisons qu'il donne, il cite les résultats
financiers déplorables de la conversion du patrimoine ecclésiastique.

Sur ce point, les francs-maçons qui gouvernent l'Italie ont dû
renoncer à leurs projets ou au moins les ajourner; mais ils n'en
persistent pas moins dans leur dessein de désorganisation sociale. La
commission d'enquête et M. Crispi, dans le projet de loi déposé le
18 février 1889, proposent de réunir toutes les œuvres pies ayant un
but d'aumône, sauf quelques exceptions, sous l'administration du
bureau de bienfaisance, *Congregazione di carità*, qui existe dans
chaque commune et d'affecter en bloc leurs revenus aux indigents de
la commune. M. Crispi a en effet introduit dans la législation le principe nouveau du droit au secours vis-à-vis de la commune comme
en Allemagne. Une première fois, une disposition en ce sens du projet
de loi sur l'administration locale avait été rejetée par les Chambres. Il
l'a fait quelque temps après passer dans l'article 81 de la loi sur la
sûreté publique du 26 janvier 1889. S'il reste au pouvoir, peu d'hommes
auront altéré davantage la constitution sociale de leur pays.

Parmi les 4109 *opere pie eleemosinare*, qui seraient ainsi absor-
bées de fait par les bureaux de bienfaisance, il en est beaucoup de
fort petites dont les actes de fondation confient purement et simple-
ment l'administration au curé de la paroisse. Or les membres de la
Congregazione di carità sont élus par le conseil municipal de la
commune; c'est donc à la fois détruire toutes les administrations
locales des œuvres pies où les saines influences sociales se faisaient
sentir, dépouiller le clergé de l'administration des aumônes, livrer
les fondations inspirées par le sentiment religieux à des influences
tout autres et surtout mettre le budget de l'assistance publique à la
disposition des politiciens, qui sont une des plaies de l'Italie régénérée.

M. Crispi, faisant un pas de plus que la commission, propose, par
l'article 55 de son projet de loi, la suppression de toutes les œuvres
pies « *qui ne répondent pas à un besoin social* ou qui, sans caractère civil de secours mutuels, de prévoyance ou d'instruction, sont
destinées à des personnes non indigentes ou sont devenues super-
flues ». Elles seront réunies au bureau de bienfaisance. L'article suivan

fait une application formelle de cette disposition « aux fondations en faveur des dots ou des professions religieuses, à celles en faveur des prisonniers, aux hospices des pèlerins et des catéchumènes, aux maisons de refuge, aux *monti frumentarii* [1], aux legs et fondations pour le culte qui ne donnent pas ouverture à un droit civil et qui ne répondent plus à un besoin de la population locale, aux confréries, congrégations et fondations religieuses, dans lesquelles on pourra prouver l'existence d'un des caractères énoncés en l'article 55 ».

On le voit, ce serait la destruction de toutes les œuvres dans laquelle l'élément religieux prédomine. De pareilles mesures touchent à trop d'intérêts locaux pour ne pas avoir soulevé de vives protestations. La Chambre des députés a accueilli très froidement le projet de M. Crispi, et sa commission a réclamé une nouvelle enquête. Mais peut-on compter sur sa résistance en présence de la pression maçonnique [2] ?

IX. — Les caisses d'épargne ont été à l'origine des œuvres pies. Elles se sont formées à côté des monts de piété qui furent créés, au quinzième siècle [3], dans un but essentiellement charitable par le bienheureux Bernardino de Feltre. Avec le temps et après bien des transformations, plusieurs de ces instituts sont devenus des puissances financières, comme la Caisse d'épargne de Milan, le Mont de piété de Gênes.

Leur caractère d'œuvre pie a peu à peu disparu. En 1888 une loi a statué à nouveau sur les caisses d'épargne. Elle a voulu qu'elles fussent organisées en sociétés par actions et les a soumises à une surveillance administrative plus étroite. Mais elle a respecté leur indépendance financière en leur permettant l'usage libre de leur fonds. En France, ils doivent être versés à la *Caisse des dépôts et consignations*, qui en garde une partie en compte courant avec le Trésor et place l'autre en rentes [1]. L'Italie, malgré sa détresse financière, a été plus sage et

---

[1] Les *Monti frumentarii* ou *granatici*, au nombre de 1965, sont des fondations ayant pour objet le prêt gratuit aux cultivateurs de semences ou de céréales destinées à leur consommation. Ils ne sont pas compris dans la statistique générale des *opere pie* donnée ci-dessus non plus que les monts de piété et toutes les œuvres ayant pour but la dispensation du crédit.

[2] Le congrès socialiste républicain tenu à Naples au mois de juin a réclamé impérieusement le vote du projet Crispi. Après la clôture de la session du Parlement, M. Crispi a prescrit aux préfets de procéder à un inventaire des biens des œuvres pies ce qui semble indiquer un projet de confiscation déguisée.

[3] *Le Crédit populaire et les Banques en Italie du quinzième au dix-huitième siècle*, par Claudio Jannet, in-8°, Paris. Larose et Forcel, 1885.

[4] Le gouvernement italien a créé en 1876 une caisse d'épargne postale qui au 1er avril 1889, avait 4328 bureaux ouverts au public et devait aux déposants un solde de 267 521 836 francs.

La caisse postale verse ses fonds à la *cassa di depositi e prestiti* qui lui en

laisse les caisses d'épargne faire une grande variété de placements.
Les 395 caisses d'épargne privées (y compris les succursales) qui
existaient au 1er janvier 1898 avaient un patrimoine de 117 996 582 fr.
et des dépôts pour 1 125 624 228 francs. Dans l'état des emplois
qu'elles en ont fait, nous relevons les chiffres suivants : prêts hypothé-
caires 238 536 121 francs, prêts chirographaires aux communes et
établissements publics 125 977 892 fr., prêts chirographaires à des
particuliers 4 495 764 fr., avances sur titres 44 711 634 fr., warrants
9 564 801 fr., effets de commerce 156 872 772 francs, fonds placés
en compte courant 87 582 565 fr., actions et obligations de sociétés
diverses 74 912 752 fr., obligations foncières 38 462 494 fr., titres de
la dette publique ou des communes 408 591 115 fr. Ces emplois en
fonds publics sont volontaires et temporaires. On voit par ces chiffres
comment les caisses d'épargne italiennes dispensent sur place le
crédit à tous ceux qui en ont besoin et le méritent. L'épargne publique
est ainsi un capital vivifiant pour les entreprises locales au lieu d'être
absorbée stérilement par l'État, comme chez nous.

Les anciennes caisses d'épargne et les monts de piété restent des
fondations parce que leur capital a été donné par des bienfaiteurs et,
n'étant pas une propriété privée, n'exige pas d'intérêts. Parmi les
banques qui émettent des billets, il en est deux qui ont ce caractère.
Le *Banco di Napoli* est l'héritier de plusieurs monts de piété de la
fin du seizième siècle. Il est administré par un conseil formé par les
représentants des principaux corps constitués du pays, et, au chapitre
du passif, au lieu d'un capital prélevant un large dividende, on trouve
un patrimoine de 62 700 000 francs qui permet au *Banco* de faire des
libéralités à toutes les œuvres de bien public, de soutenir les banques
populaires du Midi, enfin de se montrer beaucoup plus large avec le
commerce dans les moments difficiles. Le *Banco di Sicilia* est une
création royale datant de 1843. Il est beaucoup moins important, mais
est fondé sur les mêmes principes.

Les autres instituts d'émission sont des sociétés par actions et
continuent les banques d'État des anciens gouvernements. Ce sont :
1° la *Banca nazionale del regno*, formée par la fusion de l'ancienne
Banca Sarda, de la *Banca di Parma*, de la *Banca di Bologna* et

fait l'intérêt. C'est une première atteinte à la décentralisation financière.
Toutefois la *cassa di depositi e prestiti*, à la différence de notre *Caisse des dépôts
et consignations*, fonctionne d'une manière autonome et fait fructifier ses
fonds au mieux des intérêts qu'elle représente. Aucune partie ne tombe,
comme en France, dans la dette flottante du Trésor.

La législation italienne n'oblige pas non plus les provinces et les communes à verser leurs fonds libres dans la caisse du Trésor. Elles les
emploient comme elles le veulent, sauf l'approbation de la députation
provinciale pour certains placements.

du *Stabilimento mercantile Veneto*, qui est établie aujourd'hui à Rome et est de beaucoup la plus importante, car son capital est de 150 millions; 2° la *Banca nazionale Toscana*, fondée en 1857 qui a un capital versé de 21 millions; 3° la *Banca Romana*, fondée en 1850, dont le capital est de 15 millions; 4° la *Banca Toscana di credito*, fondée au milieu de la révolution de 1860 au capital de 5 millions.

La plupart de ces banques ont des succursales dans les principales villes, et, quoique leur émission de billets soit soumise à des règles identiques et que le ministre du Trésor leur impose en fait un taux uniforme d'escompte, elles se font une certaine concurrence. Au mois de janvier 1889, la *Banca Romana* et la *Banca nazionale* sont entrées en lutte ouverte. Cette concurrence, à certains moments, facilite les entraînements du crédit et on en a pris texte à plusieurs reprises pour essayer d'absorber toutes ces banques dans la *Banca nazionale del regno* qui aurait un monopole comme la Banque de France. Mais ces tentatives ont échoué devant le sentiment particulariste, qui défend les anciennes banques avec une grande énergie, surtout dans le Midi. Le projet de loi déposé au mois de juin sur les banques d'émission reconnaît l'autonomie des six instituts existant actuellement. Seulement le gouvernement est toujours à chercher le moyen de mettre la main sur le *Banco di Napoli* et sur le *Banco di Sicilia* que leur caractère de fondation expose davantage à ses entreprises. Le projet lui réserve le droit pendant une année de modifier leurs statuts. Quel usage fera-t-il de ce pouvoir discrétionnaire?

Ces indications ne seraient pas complètes si nous ne disions que dans ces dernières années l'Italie s'est appropriée très heureusement l'institution anglaise des *Clearing-houses*. Les chambres de compensation de Milan, de Florence, de Rome, de Gênes, de Livourne, de Catane, de Bologne, ont, en 1887, compensé pour 13 milliards 483 millions [1].

X. — Les Banques populaires rendent aujourd'hui des services analogues à ceux des monts-de-piété dans les siècles passés. La première a été fondée en 1863 par M. Luzzati, alors professeur à l'université de Padoue et devenu depuis un homme politique éminent. Il voulut doter son pays des institutions créées par M. Schultze-De-

---

[1] Plusieurs financiers éminents, très opposés d'ailleurs au mouvement centraliste et au socialisme d'État, préconisent cependant l'établissement d'une banque unique espérant qu'elle contrôlerait mieux la circulation fiduciaire et augmenterait les réserves métalliques, ce dont certaines éventualités font un objet constant de préoccupation. Mais ces réserves sont impossibles en l'état de la politique à outrance du gouvernement. C'est ainsi que la mauvaise politique fait de mauvaises finances et que les mauvaises finances altèrent la constitution sociale d'un peuple.

litsch en Allemagne et qui y ont si bien mis à même les gens de
position modeste de s'élever par l'épargne. Seulement il les a modifiées
d'après les habitudes des races latines, en écartant la solidarité illimitée
des associés et en adoptant la forme de société anonyme à capital va-
riable. Mais le principe fondamental que la banque populaire fait des
prêts seulement à ses membres, c'est-à-dire à ceux qui, pour être
acceptés comme associés, ont justifié de leur moralité, a toujours été
la base de leurs opérations. Les actions, généralement de 50 francs
et payables peu à peu, ne sont jamais au porteur; car « la moralité
doit être le fond de ces banques, a dit M. Luzzati, et la moralité ne
se cède pas au porteur. »

Il y a actuellement 705 banques populaires, ayant en chiffres ronds
un demi-million de clients, 95 millions de capital et un demi-milliard
de dépôts. Les débuts ont été pénibles; mais maintenant le succès est
assuré et elles vont en se multipliant chaque année, surtout dans le
Midi où tout est à faire. Le *Banco di Napoli* les soutient en rées-
comptant leur papier à un taux de faveur, chose fort avantageuse;
car dans le Midi l'intérêt est toujours plus élevé de 2 pour 100 que
dans le Nord. Les banques populaires commencent à se répandre dans
les campagnes, et l'on est étonné de leur bon fonctionnement dans de
simples bourgs. Quelques-unes sont devenues très puissantes. La
Banque populaire de Milan à la fin de 1888 avait 15 930 actionnaires
ayant 163 854 actions. Elle a créé un service d'avances sur les soies
qui lui fait jouer un rôle commercial très important et elle est le
centre de plusieurs œuvres économiques d'une haute portée. Les opérations de l'année 1888 lui ont valu un bénéfice net de 1 378 432 francs
dont 1 210 162 francs ont été attribués aux actionnaires, 127 830 aux
employés et 15 000 à des œuvres de bienfaisance [1].

---

[1] Pour donner une idée de l'ensemble de services économiques et d'œuvres
de bien public auquel une banque coopérative populaire sert de foyer nous
prendrons pour exemple celle de Padoue; car la ville a peu d'activité indus-
trielle, et la banque est née et a toujours eu à vivre à côté d'institutions
de crédit nombreuses et actives. Fondée en juillet 1867, elle comptait à la
fin de cette année 722 associés possédant 1154 actions formant un capital
de 57 700 francs. Elle avait vingt ans après, à la fin de 1887, 4416 actionnaires possédant 21 662 actions, soit un capital de 1 083 100 francs et une
réserve de 369 081 francs. Les dépôts de diverse sorte se montaient, d'après
le bilan, à 5 803 131 francs. Les escomptes, prêts et avances sur titres,
étaient montés à 14 099 987 francs et le mouvement général des affaires,
y compris les mouvements de caisse, avait porté sur le chiffre énorme de
227 469 512 francs. La Banque populaire, outre les opérations d'avances
et d'escomptes qui constituent ses affaires proprement dites, est la cor-
respondante locale de la *Banca Nazionale* et de la *Banca Romana*; elle-
même se charge des recouvrements non seulement dans toute l'Italie,
mais encore à Trente, Trieste, Paris, Berlin, Londres, Francfort et sur

Beaucoup de banques populaires, suivant l'exemple du *Banco di Napoli* et la tradition des anciens monts-de-piété, font des *prêts sur l'honneur* à des ouvriers, à des étudiants qui n'offrent d'autre garantie que leur moralité. Les prêts de ce genre sont la pratique d'un conseil évangélique. C'est également de la charité que ressortent les faveurs faites aux petits dépôts d'épargne. Ils sont reçus à partir de 5 centimes et bénéficient d'un intérêt de 4 1/2 pour 100. Les livrets peuvent être au porteur. C'est le meilleur moyen de lutter contre la funeste passion du jeu que le gouvernement entretient avec ses innombrables boutiques de loterie. Elles rendent au Trésor 31 millions par an; mais cette somme, prélevée en grande partie sur les plus humbles travailleurs, coûte bien plus à la nation; car la loterie est la propagation permanente de l'imprévoyance et du culte aveugle de la chance [1].

les principales places de l'Allemagne et de l'Autriche; elle achète et vend des valeurs publiques pour le compte de ses clients. La Banque a donné en 1887 un dividende de 8 50 pour 100 sur le capital versé, ce qui est à peu près la moyenne des dividendes annuels, et les réserves de toute sorte ont été très augmentées. Tout en assurant un légitime profit à ses actionnaires, la Banque n'a point perdu de vue le but élevé pour lequel elle a été instituée. Elle consacre chaque année une certaine somme aux *prêts d'honneur* en faveur des membres des sociétés de secours mutuels. 22 592 francs ont été ainsi prêtés en 1887, à l'intérêt de 2 pour 100 en 161 prêts pour 248 demandes.

La Banque a voulu faire profiter ses employés de sa prospérité et a créé pour eux une caisse de prévoyance alimentée par le 10 pour 100 de ses bénéfices et par la retenue du 20 pour 100 de toutes les augmentations de salaire que les employés peuvent obtenir. Ces sommes, placées en valeurs de premier ordre, sont l'objet d'un compte individuel et sont acquises à l'employé après vingt-cinq ans de service ou en cas d'infirmité. En cas de décès, elles sont remises à sa veuve, à ses enfants, à ses frères et sœurs ou à ses ascendants. Il n'y a que la démission pour prendre une autre position qui puisse lui faire perdre ces libéralités; encore le conseil se réserve-t-il de tenir compte des circonstances particulières! Au bout de treize ans, les résultats donnés par cette institution sont considérables : tel employé supérieur a un compte de 35 000 francs et un simple garçon de bureau en a un de 7000!

En 1888, sur 1124 actionnaires et 21 961 actions, on a relevé 382 grands propriétaires ou fermiers avec 3537 actions, 467 petits agriculteurs avec 532 actions, 133 journaliers ruraux avec 153 actions, 111 grands industriels et marchands avec 835 actions, 1111 petits industriels et artisans avec 2697 actions, 293 ouvriers avec 352 actions, 1104 employés, maîtres d'école, gens de professions libérales avec 6275 actions, 830 personnes sans profession déterminée avec 7580 actions.

De 1867 à 1888, sur 110 655 effets escomptés, 42 894 étaient supérieurs à 1000 francs, 41 003 étaient de 501 à 1000 francs, 15 821 de 100 à 500 francs, 10 937 inférieurs à 100 francs. Ils indiquent que les banques coopératives profitent largement aux petits industriels et commerçants.

[1] En 1887-88 les sommes versées par les joueurs sont montées au chiffre

Les fonctions d'administrateurs de ces banques sont gratuites et sont ainsi une des meilleures formes du patronage. Les riches ne dédaignent nullement d'être actionnaires et de profiter des services rendus par ces institutions. La solidarité étant remplacée par la forme de société anonyme, elles sont incontestablement moins populaires que les banques allemandes. Cependant les statistiques prouvent que le nombre des artisans, des petits propriétaires, même des simples ouvriers qui sont actionnaires est considérable. D'ailleurs la présence de personnes de conditions diverses sur le pied de l'égalité la plus absolue dans ces institutions contribue beaucoup au rapprochement des classes.

Les banques populaires se préoccupent de plus en plus de rendre des services au peuple proprement dit et pour cela d'entrer en relation d'affaires avec les sociétés de secours mutuels, les sociétés coopératives et aussi les syndicats agricoles à la constitution desquels elles poussent activement. La Banque de Bologne a ouvert à quarante-quatre sociétés de secours mutuels des comptes courants où elle les fait bénéficier d'un intérêt de 6 pour 100; en même temps elle prête aux sociétés ouvrières au-dessous du cours de l'argent. Pour les pousser de plus en plus dans cette voie, M. Luzzati voudrait faire adopter généralement la limitation du dividende attribué au capital à 5 ou à 6 pour 100.

Le grand résultat des Banques populaires est d'avoir permis à la classe des petits artisans, des petits commerçants, des moyens propriétaires de se maintenir et de résister aux causes générales qui, dans les temps modernes, tendent à les déprimer, aux difficultés spéciales que la situation financière du pays leur crée. Elles ont fait sensiblement reculer le fléau de l'usure.

Elles n'ont pas directement fait baisser le taux de l'escompte commercial qui est toujours élevé en Italie par suite des conditions économiques générales. A Padoue, par exemple, il a varié de 5 à 6 1/2 pour 100, suivant les années, entre 1867 et 1888. Dans d'autres provinces, les taux d'escompte pratiqués par les banques populaires sont bien plus élevés. En 1886 d'après l'*Annuario statistico*, il s'est élevé au 7, 8, 9 pour 100 dans quelques-unes d'entre elles. Les circonstances locales le leur imposait. Au moins ont-elles fait profiter les classes moyennes de cette élévation sous la forme des dividendes attribués à leurs actions et de l'intérêt élevé alloué aux dépôts. Cet

énorme de 81 millions. Un peu plus de 11 millions ont été employés en primes; ce qui met le rapport du gain à l'enjeu à 49 0/0. Les primes données aux receveurs des boutiques de jeu sont montées à 8 millions et demi. Chaque Italien joue en moyenne 2 fr. 80 par an; mais à Naples la moyenne monte à 15 fr. 74. V. l'*Economista* du 21 juillet 1889.

intérêt varie de 3 à 4 1/2 selon les catégories. C'est précisément par suite de cette élévation du taux de l'intérêt que les banques populaires et toutes les institutions de prévoyance donnent de si beaux résultats en Italie. C'est là un fait universel. D'une manière générale cette élévation est défavorable aux classes populaires; mais, là où les institutions coopératives de crédit sont développées, le mal est en partie neutralisé parce que la classe touchant immédiatement au peuple en bénéficie. L'Italie leur doit d'avoir échappé au redoutable phénomène de l'absorption d'une partie notable de la richesse nationale par la haute Banque.

XI. — Au fur et à mesure que les banques populaires se développent, les banques ordinaires diminuent. De 531 en 1873, elles sont tombées au chiffre de 148 en 1886. Il n'y a point en Italie d'énormes maisons de banque qui dominent absolument le marché financier. Elle n'a pas non plus une grande bourse qui entraîne tout le pays. Les bourses de Naples, de Florence, de Gênes, sont aussi importantes que celle de Rome. Celle de Milan, qui est en étroites relations avec le marché allemand, l'est beaucoup plus. Par suite des circonstances de sa formation politique, l'Italie est dans la dépendance des bourses de Londres, de Paris, de Berlin, des grands banquiers d'Hambourg et de Francfort. Sans cette dépendance qui tient à l'énormité d'une dette placée à l'étranger, les banques populaires, en se hiérarchisant aux grands instituts d'émission, arriveraient à dispenser complètement le crédit dans l'intérieur du pays. Tout en étant essentiellement des institutions locales, elles s'appuient les unes sur les autres, les plus fortes soutenant les plus faibles par le réescompte, et déjà elles ont agi de concert dans bien des cas.

Sous l'impulsion de M. Luzzatti et du comité directeur de l'Association des banques populaires, deux cents d'entre elles ont constitué, il y a quelques mois, une société d'assurances mutuelles sur la vie : la *Popolare*. Toutes vont s'appliquer à populariser ces assurances dans leur clientèle en lui servant gratuitement d'agences locales, et elles espèrent, non sans raison, réaliser ainsi par l'initiative de leur libre association, ce que l'empire d'Allemagne demande à la contrainte légale et à l'assurance obligatoire. Elles y sont encouragées par le succès croissant de la *Caisse nationale d'assurances contre les accidents du travail*. Cette caisse a été fondée en 1883 par dix grands établissements publics organisés en consortium. Les caisses d'épargne de Milan, de Rome, de Bologne, de Turin, de Venise, de Cagliari, le mont-de-piété de Gênes, le Monte dei Paschi de Sienne, le Banco di Napoli et le Banco di Sicilia ont constitué un capital de garantie de quinze millions et ont pris à leur charge tous les frais d'administration en sorte que la prime perçue est seulement la prime nette et que les tarifs sont fort bas.

La *Cassa Nazionale* a des agences gratuites sur tous les points du territoire, grâce aux Instituts qui l'administrent. Son action s'étend chaque année. Au 31 décembre 1888, 70 222 ouvriers étaient assurés par 2181 polices, tandis qu'au 31 octobre 1887, il n'y avait que 1387 polices assurant 41 424 ouvriers. Les nouveaux tarifs et les nouveaux règlements qui sont élaborés en ce moment, vont donner un grand développement à cette institution. L'Italie moderne devra d'avoir pu résoudre si heureusement ce grave problème aux puissantes fondations et aux libres établissements de bien public qu'elle a eu la sagesse de conserver. La société agit ainsi par ses forces organisées, et pourvoit aux besoins nouveaux des temps, sans livrer à l'État la liberté individuelle et la vie économique.

Monts-de-piété, caisses d'épargnes et banques populaires sont les manifestations successives du même génie financier. Grâce à la liberté qu'elles ont dans l'emploi de leurs fonds, elles commencent à aborder les diverses formes du crédit foncier et du crédit à l'agriculture. L'expérience est hardie, mais elle peut réussir. Nous dépasserions les limites de cette étude si nous entrions dans le détail de ce qui a été fait déjà en ce sens[1]. Mais là aussi on reconnaîtrait que, dans aucun pays, l'appareil de la circulation de la richesse n'a été plus perfectionné. C'est malheureusement la richesse elle-même qui n'est pas assez abondamment produite ou plutôt qui est détruite par l'excès des charges publiques.

Toutefois, par l'appui mutuel qu'elles se donnent et par le fait que leurs actionnaires s'appellent légion et appartiennent à toutes les classes de la population, les banques populaires peuvent envisager avec sang-froid l'éventualité du retour au cours forcé. L'Italie est plus exposée actuellement qu'aucun pays du monde à un grand krach financier et à une banqueroute gouvernementale; mais c'est le pays le mieux organisé pour modérer les conséquences de cette catastrophe dans les couches profondes de la nation. La banqueroute est beaucoup plus lointaine en France, mais elle aurait des conséquences plus terribles par suite de l'absorption de toute l'épargne publique par l'État.

XII. — *Sane vetus urbi fenebre malum*, le mot de Tacite est resté toujours vrai pour l'Italie. Les villes et les campagnes sont dévorées d'autant plus par le fléau que le peuple ne comprend même pas à quel degré il est exploité. A Naples, l'ouvrier paie un droit de

[1] Nous signalerons au moins les excellentes études de M. A. de Johannis, *Il credito agrario ed i Banchi di Napoli e di Sicilia* (1886) et *le Banche di emissione et il credito in Italia*. (Florence 1888.)

dépôt à l'usurier qui lui garde les 20 ou 25 lires qu'il met de côté
pour dépenser le jour de sa fête et trouve tout naturel d'emprunter
au même personnage, quand il a besoin d'une avance, à raison d'un
sou par franc par semaine. Dans la Basilicate, l'intérêt ordinaire est
de 2, 3 et jusqu'à 5 pour 100 par mois! Dans les provinces d'Udine et
de Bellune, les usuriers prêtent aux émigrants temporaires qui vont
en Autriche à raison de 5 pour 100 : mais ils les paient en florins de
papier à raison de 2 fr. 50 le florin, alors qu'il vaut à peine 2 francs et
ils exigent au bout de six mois le remboursement en monnaie métallique. Ailleurs, l'emprunteur fait des corvées pour son prêteur. Dans
chaque localité l'usure revêt une forme spéciale. Juifs et chrétiens la
pratiquent également, hélas! Mais il y a ceci de particulier à l'Italie,
c'est que les deux institutions qui la combattent efficacement en ce
siècle sont dues à deux Israélites, les Banques coopératives populaires à M. Luzzati et les *Casse rurale di prestiti* au Dr Leone Wollemborg. Leurs coreligionnaires prennent une importance sociale que
M. de Laveleye a signalées dans ses *Lettres sur l'Italie*; notre col-
laborateur, M. Carry, a indiqué comment par leur prépondérance
dans la presse libérale ils enveniment les conflits religieux; mais il y
a parmi eux quelques bons Samaritains, et personne de notre temps
n'a pansé avec plus d'intelligence et de sincère philanthropie les plaies
économiques du peuple que ces deux hommes de bien.

M. Leone Wollemborg s'est inspiré des caisses Raiffeisen et a voulu
remédier aux souffrances des pauvres paysans, petits propriétaires ou
colons, qui sont trop faibles pour profiter du mécanisme des banques
populaires. En 1883, il a fondé la première caisse rurale à Lorregia
dans la province d'Udine; aujourd'hui elles sont au nombre de 40,
toutes dans la Vénétie. Ces caisses reposent sur la solidarité per-
sonnelle de tous leurs membres qu'elles recrutent exclusivement dans
la commune. Elles n'ont pas de capital proprement dit ni d'actions
exigeant une rémunération; elles couvrent leurs frais d'administration
avec une taxe d'entrée infime. Elles reçoivent les dépôts comme une
caisse d'épargne; au besoin elles trouvent à emprunter, et c'est ainsi
qu'elles peuvent fournir les avances nécessaires à leurs associés. Tout
repose sur le contrôle sévère de gens qui se sont choisis librement et
sur le dévouement d'un administrateur local qui est parfois un
médecin, un notaire, mais le plus souvent un curé. Sans s'offusquer
de l'origine de M. Wollemborg, les ecclésiastiques du pays le bénissent
et l'appellent à l'envi pour fonder dans leurs paroisses ces utiles
institutions

La caisse de Lorregia nous montrera leur fonctionnement. Elle
avait, à la fin de 1888, 112 associés. Dans les quatre ans et demi
écoulés depuis sa fondation, elle avait fait pour 51 952 francs de prêts

et les associés avaient restitué 35 961 francs en capital. Les prêts en cours montaient à 15 987 francs. L'intérêt payé par les emprunteurs est de 6 pour 100. Une seule poursuite judiciaire a été nécessaire pendant toute cette période. Ces prêts sont faits après un examen minutieux des motifs pour lesquels ils sont demandés, achats de bestiaux, de fourrages, de fumures, c'est à-dire pour des emplois productifs. Le conseil n'accorde qu'avec la plus grande difficulté des prêts pour raisons de famille; car ces prêts-là rentrent plus difficilement. Les fonds ont été fournis par des dépôts à terme recueillis dans le pays et au moyen du réescompte des effets souscrits par la *Banca Nazionale Toscana*. Avec ses bénéfices, la caisse a réalisé un patrimoine collectif de 1481 francs, ce qui la met à l'abri de toute éventualité fâcheuse. D'autres caisses empruntent la plupart de leurs ressources au réescompte de leurs effets par les banques ou par les caisses d'épargne du voisinage. Grâce au crédit que leur donne la solidarité, elles arrivent ainsi à faire sans capital des opérations relativement importantes, si l'on considère qu'il s'agit de paysans.

Une fédération et un organe spécial, la *Cooperazione rurale*, mettent en rapports les diverses *casse rurali di prestiti*. Elles commencent l'éducation économique du peuple des campagnes et M. Wollemborg a déjà pu former parmi les petits propriétaires du Frioul des sociétés d'assurance mutuelle contre la mortalité du bétail, des laiteries coopératives et établir des fours économiques, qui assurent une cuisson complète et à bon marché de la farine de maïs ou de froment. C'est le seul moyen pratique de combattre la *pellagra*.

XIII. — Les rapports ruraux en Italie présentent des traits fort divers en bien et en mal.

La petite propriété est beaucoup moins répandue qu'en France et en Allemagne. Ce fait est d'autant plus frappant que, dans certaines provinces, l'histoire montre qu'au seizième siècle les paysans possédaient le sol en plus grande quantité. On trouve encore des paysans propriétaires dans le Piémont, la Ligurie, les montagnes de l'Apennin, les Alpes Vénètes, la Toscane, la Sardaigne; mais la propriété des citadins domine. Dans la Lombardie, les Marches, l'*Agro romano*, le pays de Naples, il y a d'immenses domaines; enfin une part notable du sol appartient aux *opere pie* et aux communes; mais il s'agit là de biens patrimoniaux qui sont loués. Les biens communaux et les jouissances communales, que l'on appelle *partecipanze*, ont été aliénés ou partagés presque partout au grand détriment du petit propriétaire.

La vente des biens ecclésiastiques s'est opérée par grandes masses de manière à favoriser uniquement les intérêts des gros capitalistes sans scrupules. On n'a nulle part procédé à des morcellements qui auraient au moins créé des paysans propriétaires. La concentration de la propriété s'en est accrue encore.

La toute petite propriété, dans les montagnes où elle existait, n'a pas pu supporter le poids écrasant des impôts et c'est par milliers que l'on compte les petits propriétaires expropriés par le fisc. M. F. Lampertico, dans son rapport fait au nom de la commission du tarif des douanes en 1885, a établi que dans les dix années 1873-1882 il y a eu 61 826 dévolutions de biens au fisc, sur lesquelles 32 152 ont été maintenues. En 1886 les préteurs ont encore ordonné la vente de 11 737 petites propriétés pour défaut de paiement des impôts! Presque tous ces petits biens n'ont pu être revendus et ont accru l'étendue du domaine de l'État. D'autre part, on constate que depuis la dépréciation des produits agricoles, beaucoup de familles bourgeoises vendent leurs domaines à vil prix[1]. Des capitalistes, souvent des Israélites, les achètent pour s'arrondir.

En présence d'une telle situation, on a demandé avec raison que le fisc et les communes établissent des cultivateurs sur les grands domaines qui lui sont délaissés ou qui leur appartiennent, en les rendant propriétaires moyennant le paiement d'annuités, comme on le fait en Allemagne pour les *Rentengüter*. On retiendrait ainsi un certain nombre de courageux *braccianti* qui vont en Amérique et l'on recréerait pour l'avenir des paysans propriétaires. Mais le gouvernement n'a point d'argent pour de pareilles dépenses.

En 1871, une loi, votée sous l'influence de l'honorable M. Peruzzi, avait obligé les grands propriétaires de l'*Agro romano* à faire des plantations et avait éventuellement prévu la constitution de petits domaines payables par annuités, une fois les travaux généraux d'écoulement des eaux effectués. Ces dispositions sont restées lettre morte devant la coalition des intérêts privés et la mollesse de l'administration.

C'est un exemple peu encourageant pour des projets de ce genre. Le paysan est donc de plus en plus réduit à la condition de tenancier Son sort varie beaucoup selon les provinces.

[1] La dette hypothécaire s'accroît constamment en Italie. Au 1er janvier 1872 le montant des inscriptions portant intérêt était de 6 388 718 696 fr., au 1er janvier 1888 de 8 218 604 789 fr. Mais il faut tenir compte du chiffre élevé des hypothèques légales : 1 782 853 555 fr. en 1888. Cet accroissement paraît résulter surtout des hypothèques sur les maisons et de celles garantissant les ouvertures de crédit, c'est-à-dire principalement de la spéculation sur les terrains urbains. Voy. ces chiffres discutés par le sénateur F. Lampertico dans son rapport sur le tarif des douanes en 1885 « Il est certain d'ailleurs, dit-il, qu'en Italie la dette hypothécaire portant intérêt est contractée à des conditions particulièrement onéreuses, qu'elle grève lourdement la terre et n'est pas un des moindres maux dont se ressent l'agriculture nationale. »

XIV. — Dans la plaine lombarde, on rencontre de vastes fermes
conduites à la manière anglaise par de riches fermiers. Ils louent
des manouvriers agricoles pendant le temps des travaux, et ces malheureux sont obligés de payer leur logement ainsi que leur nourriture
pendant les mois d'hiver. Leur misère contraste avec la richesse des
cultures. Des grèves agraires, chose inconnue ailleurs, éclatent périodiquement. Dans le Piémont, le pays de Côme, le Bergamasque, les
cultures sont plus divisées et les petites exploitations sont nombreuses; mais les grands propriétaires les afferment à des fermiers
généraux qui imposent aux colons des fermages en argent ou en
nature très lourds et des journées de corvée excessives.

L'évêque de Crémone, Mgr Bonomelli, dans une lettre pastorale
du 25 mars 1886, écrite au milieu d'une grève, après avoir dé-
montré la nécessité de la propriété foncière privée et condamné les
attentats à la liberté du travail commis par les meneurs, a flétri en
termes éloquents la triste situation faite aux manouvriers. Logés
dans des huttes malsaines, qui seraient à peine tolérables pour des
bestiaux et dont ils doivent payer le loyer, ils n'ont pas des salaires
suffisants pour manger du pain et sont réduits à se nourrir d'une
farine mal cuite de maïs qui leur donne la *pellagra*. Les rizières
fiévreuses ne sont pas à la distance des habitations ordonnée par
les lois. Les femmes et les enfants doivent travailler dans les filatures
où le travail est excessif; trop souvent ils n'ont pas même le repos
du dimanche. Mgr Bonomelli signale la cause de cette situation dans
le vice de la constitution agraire. Les propriétaires ont d'immenses
domaines qu'ils n'habitent pas et font administrer par un procu-
reur. Celui-ci loue le domaine à des fermiers généraux qui se font
une concurrence acharnée. A leur tour, les fermiers sous-louent le plus
cher possible aux *contadini* et en extorquent, en argent ou en travail,
autant qu'ils peuvent. L'éloquent évêque adjurait les propriétaires
de visiter leurs terres, d'y résider, de supprimer ces intermédiaires,
de faire la charité sur place, de remplir, en un mot, les devoirs de la
richesse, dont le premier est de donner l'exemple du respect de la
religion.

Ces sages conseils n'ont point été écoutés. Cette année encore au
mois de mai, la population de plusieurs gros villages aux environs
de Milan et de Côme s'est soulevée, poussée par la misère. C'étaient
de malheureux colons qui ne gagnent que 60 centimes par jour en
hiver et 90 centimes en été sans être nourris, des ouvriers des filatures de soie qui ne sont pas mieux payés. Les uns et les autres se
plaignent des corvées exorbitantes auxquelles ils sont soumis pour le
loyer de leurs masures. Les contrats que leur imposent les fermiers
généraux les obligent à faire des journées à 50 centimes sur les

réserves du domaine! La force armée a rétabli l'ordre matériel; mais ces riches pays seraient le théâtre d'une jacquerie, si l'émigration n'enlevait les hommes les plus énergiques.

Dans l'ancien royaume de Naples, le fermage avec des redevances fixes en nature est général; mais presque toujours il y a un intermédiaire entre les colons et les propriétaires. On y trouve aussi de vastes exploitations livrées à la culture extensive. Ce qui caractérise les provinces du Sud, c'est la concentration des agriculteurs dans les bourgades d'où ils vont au loin cultiver les champs. Malgré l'extrême modicité des salaires, ces populations vivaient encore sous les Bourbons; mais tout progrès était impossible par l'absentéisme des grandes familles qui, sans jamais faire aucune amélioration à leurs terres, dépensaient tout le revenu qu'elles en pouvaient tirer à Naples et dans les villégiatures d'été. Grande cause de faiblesse sociale et aussi l'une des causes de la faiblesse politique du gouvernement! Les améliorations, résultant de l'établissement des chemins de fer, ont été contrebalancées par les charges du nouveau régime. Puis les chemins de fer sont une arme à deux tranchants. Ils donnent des facilités d'exportation, mais aussi d'importation. La crise agricole, qui en a été la conséquence, et finalement la ruine de tous les propriétaires de vignobles par suite de l'interruption des relations commerciales avec la France, ont jeté les populations rurales dans une profonde misère. Le paysan meurt littéralement de faim dans les Pouilles, dans la Basilicate, dans plusieurs parties de la Sicile.

Dans le centre, ces souffrances sont inconnues, grâce au métayage (mezzedria) qui est pratiqué avec quelques nuances dans la Ligurie, l'Emilie, les Marches, la Toscane l'Ombrie. Tous les produits, y compris ceux du bétail, sont partagés par moitié. Le propriétaire paie tous les impôts, au moins en Toscane, en sorte que les charges dues à la révolution ont en fait épargné le cultivateur. Toutes les améliorations foncières permanentes sont faites aux frais du propriétaire. Un compte courant perpétuel unit les parties. Quand la récolte a été abondante, le métayer laisse aux mains du propriétaire le prix de sa moitié d'huile ou de vin : d'autre part, dans les années mauvaises ou quand des événements de famille le rendent nécessaire, le propriétaire lui fait des avances en blé ou en argent, dont il se récupère peu à peu, mais sans jamais exiger d'intérêts.

En Toscane et en Ombrie, les métairies (poderi) sont petites, de 6 à 12 hectares, et sont groupées en domaines (fattorie) au centre duquel se trouvent les pressoirs, les celliers, les moulins confiés à un agent (fattore). Quand le propriétaire est absent et laisse l'agent sans contrôle, des abus se produisent même sous ce régime. Mais, en Toscane et en Ombrie, les propriétaires surveillent de près leurs domaines,

et les meilleurs rapports les unissent à leurs métayers. Ceux-ci consi-
dèrent comme leurs les champs qu'ils cultivent héréditairement par
une tacite reconduction indéfinie. Dans le domaine d'Antella, près de
Florence, qui est dans la famille historique des Peruzzi, depuis le commencement du quatorzième siècle, les métayers ont des livrets de
comptes remontant au seizième siècle [1]. Le représentant actuel d'une
famille non moins illustre, le comte Bardi a écrit un excellent livre
sur la *mezzedria* toscane en prenant pour texte la vie d'un de ses métayers, Angiolo Taddei, mort en 1883, à quatre-vingt sept ans, qui, par
ses vertus et son intelligente direction d'une famille patriarcale, per-
sonnifie admirablement ces institutions et ces mœurs [2]. Près de Pérouse, dans un site ravissant au milieu des arbres verts et des bosquets
où fleurit au milieu de l'hiver la violette italienne, si chère aux races du
Nord, s'élève un château plein des souvenirs les plus glorieux de l'histoire locale. Là, le descendant des grands hommes du quinzième
siècle gouverne dans la paix et conduit dans les voies du progrès
agricole ses nombreuses familles de colons. Suivant une ancienne cou-
tume, le jour de son mariage, quarante-trois d'entre eux se groupaient
autour de lui dans un joyeux banquet, nouvelles noces de Cana que
présidait l'archevêque de Pérouse, depuis Léon XIII.

De pareilles mœurs sont la force d'un pays. Grâce à elles, la Toscane
et l'Ombrie traversent les temps difficiles, non sans souffrances assurément, mais sans être désorganisées socialement. L'émigration n'y
existe point. Le métayage s'est montré en effet dans ces pays très
favorable au progrès de la culture [3]. Nulle part une somme plus
grande de travail et de capital n'est incorporée au sol que dans ces
collines en terrasses complantées de vignes, d'oliviers et d'amandiers.
Les grands propriétaires ne dédaignent pas de vendre en détail leurs

[1] Voy., dans les *Ouvriers européens* de Le Play, t. IV, la monographie
du métayer de la Toscane, par M. Peruzzi, d'après des renseignements
recueillis en 1857. La famille décrite se trouve actuellement sur le même
domaine et la permanence de ses bons rapports avec le propriétaire justifie
pleinement les conclusions que Le Play en tirait.

[2] *Studj di questioni sociali*, Florence, Mariano Ricci 1886. Cf. le résumé qui en
avait paru dans la *Réforme sociale* du 15 avril 1883. Les familles de métayers
sont très nombreuses. Dans les environs de Montepulciano elles sont en
moyenne de dix personnes. Plusieurs ménages vivent groupés en commu-
nauté sous l'autorité d'un grand parent, d'un frère aîné, d'un oncle. Voy.
Annali di Statistica, 2e série, t. VIII, p. 175.

[3] Nous avons indiqué au texte la *mezzedria* toscane comme le type du
métayage italien. Dans les Marches, les conditions faites aux colons sont
moins favorables, les grands propriétaires résident peu sur leurs terres, les
domaines sont plus vastes. Pour ces raisons et pour d'autres les rapports
sociaux sont loin d'être aussi bons. Les institutions juridiques valent surtout par la manière dont elles sont pratiquées.

récoltes à la ville et la *computisteria* est dans tous les palazzi le centre d'un négoce de denrées très actif. Ils ne perdent ainsi pas de vue leurs intérêts ruraux. La fabrication de l'huile, jadis très négligée, s'est grandement améliorée. Il en a été de même des vins. Le baron Ricasoli a créé le fameux cru de Chianti et sous ce nom les vins blancs et rouges de la Toscane et de l'Ombrie se vendent dans tout le pays comme vins de luxe. Ils sont peu éprouvés par la crise dont souffrent le royaume de Naples et la Vénétie qui ne produisent que des vins plats. Ils commencent à trouver des débouchés à New-York et en Angleterre. A Montevideo et à la Plata, grâce à la colonie italienne si nombreuse, ils finiront par remplacer nos vins de Bordeaux, si nos commerçants ne redoublent d'activité.

XV. — En Italie, à l'inverse de ce qui se passe dans les autres contrées de l'Europe, les populations agricoles souffrent plus que les populations industrielles.

Celles-ci ne sont pas très importantes. D'après le recensement de 1881, il y aurait eu 4 716 439 personnes au-dessus de neuf ans vouées à des occupations industrielles ; mais, dans ce chiffre, il faut comprendre les nombreux artisans qui travaillent en boutique.

La grande industrie est encore peu développée : elle ne compte guère que les établissements métallurgiques de Terni, les ateliers de construction de Pouzzoli, ceux de la Spezzia, les fabriques de lainages de M. Rossi à Schio, dans la province de Vicenza. Puis viennent un certain nombre d'usines moyennes dont le gouvernement fait en ce moment la statistique. Elles sont surtout répandues dans la Lombardie, où fleurissent les industries de la soie, du coton et du chanvre.

La condition des ouvriers des grandes manufactures que nous venons d'énumérer n'est pas mauvaise. Les salaires sont assez élevés, *eu égard au niveau des prix* dans le pays. M. Rossi a notamment créé, pour les six ou sept mille ouvriers qu'il emploie dans ses divers établissements, des œuvres analogues à celles qui ont été l'honneur de Mulhouse[1]. C'est dans les établissements moyens et les petites usines que se produisent le plus d'abus, que les salaires tombent parfois très bas. Les enquêtes officielles ont révélé des crimes envers l'enfance dans les mines de soufre de Sicile, semblables à

---

[1] En 1888 1321 enfants d'ouvriers étaient recueillis et instruits dans les asiles et écoles créés par le *lanificio* Rossi. Dans cette année le coût de tous ces établissements s'est élevé à 83 071 francs. Le patron a provoqué parmi ses ouvriers la fondation de sociétés de secours mutuels et d'une caisse de retraites qu'il subventionne. Il a créé aussi de remarquables habitations ouvrières. Ces diverses œuvres sont alimentées par ses sacrifices personnels et par une participation statutaire aux bénéfices de l'établissement.

ceux que l'on constata en Angleterre au début du régime manufacturier [1]. Une loi du 11 février 1886 a interdit d'employer les enfants
avant neuf ans à un travail industriel et avant dix ans aux travaux
souterrains; de neuf à douze ans, la durée du travail est limitée à huit
heures. Mais, et c'est un triste symptôme de l'état d'esprit des législateurs, le travail du dimanche n'est pas interdit pour les enfants.
Quelque faible que soit cette protection, des tolérances administratives, basées sur l'état précaire de certaines industries, l'amoindrissent
encore. Dans la province de Crémone, d'après Mgr Bonomelli, des
fillettes de douze ans, en hiver, travaillent, dans les filatures de soie,
de cinq heures et demie du matin à huit heures du soir : preuve de plus
de l'impossibilité d'obtenir une sanction sérieuse pour l'observation
des accords internationaux qu'on cherche à réaliser en cette matière [2].
La situation économique est trop précaire pour que, quel que soit
l'engouement des jeunes professeurs d'université pour la législation
sociale allemande, on songe à la suivre même de loin.

Même dans les usines les mieux conduites, les salaires des ouvriers
italiens sont de 40 à 50 pour 100 inférieurs à ceux des ouvriers similaires de la France et de l'Angleterre. Le coût moindre de la vie sous
un climat plus favorable, le rendement inférieur de leur travail aussi,
expliquent ces différences. Mais, d'une manière générale, on peut dire
que les salaires en Italie ont suivi seulement de loin, *passibus haud
æquis*, la hausse des prix. Sauf dans les grandes villes et leur ban-
lieue, les travailleurs en sont restés aux salaires de l'ancien régime,
alors que le nouveau a chargé du poids de ses impôts toutes les
conditions de la vie.

Le prolétariat italien ne se compose pas seulement des ouvriers des
manufactures, mais aussi des petits artisans et de cette masse de
manouvriers, de terrassiers, de *braccianti*, d'ouvriers en bâtiments,
que fournit une population surabondante. L'émigration est une soupape
de sûreté bien nécessaire, car cette masse souffre et la propagande

---

[1] Voy., sur les conditions de l'industrie soufrière, la *Monographie du
mineur des soufrières de Lecara* (province de Palerme), par le professeur
Santangelo Spoto dans le recueil *les Ouvriers des deux mondes* 1889. La
constitution de grandes entreprises avec l'emploi des machines a amélioré
les conditions du travail. C'est surtout dans les petites exploitations, où la
montée du minerai se fait exclusivement à bras, que l'oppression de l'enfance et la promiscuité des sexes se produisent.

[2] Voy. dans ce sens un très remarquable article de M. A. Rossi dans la
Rassegna nazionale du 16 juin 1889. L'éminent industriel chrétien considère
comme possible, dans l'état économique actuel, seulement un accord sur
l'observance commune du dimanche. C'est ce que nous avons nous-même
toujours dit : voy. le *Correspondant* du 25 janvier 1889 et notre ouvrage : *Le
Socialisme d'État et la Réforme sociale* (in-8°, Plon. 1889), p. 50 et suiv.

socialiste s'exerce très activement sur elle. Elle a un commencement d'organisation dans les sociétés de secours mutuels qui sont fort répandues, mais sont animées des esprits les plus divers [1]. Souvent ces sociétés sont professionnelles et alors elles deviennent facilement des sociétés de résistance. Les sociétés professionnelles se groupent généralement dans chaque ville en une fédération qui prend le nom antique de *Consolato operajo* et qui prétend, comme nos fédérations de syndicats, représenter les intérêts du travail contre le capital.

Au dernier congrès des sociétés coopératives, tenu à Bologne en septembre 1888, on a compté 176 sociétés de production, 63 de construction, 229 laiteries sociales, 43 fours coopératifs, 105 sociétés de consommation [2]. Les sociétés de production réussissent généralement assez bien, et il se pourrait que la sagesse pratique, la patience, la sobriété propres au peuple italien assurassent à cette forme si délicate de la coopération un succès qu'elle n'a eu ni en France ni en Allemagne [3].

La loi administrative du 31 décembre 1888 a étendu le droit de

[1] Au 1er janvier 1885 il y avait 5169 sociétés de secours mutuels, ayant 806 500 membres. Elles ont toujours pu se former sans autorisation, le Statut garantissant la liberté d'association; mais jusqu'à la loi du 15 avril 1886 elles n'avaient pas de plein droit la personnalité civile. En Italie comme en France, ces sociétés se sont formées au hasard, et le principe de la mutualité est loin d'avoir été appliqué encore scientifiquement comme il le faudrait.

[2] Les sociétés de consommation comptent en Italie à la fois des échecs et de grands succès. L'extrême sobriété du peuple, l'absence presque complète du besoin de combustible, la place que tiennent les fruits secs dans l'alimentation, la multiplicité des petits marchands d'aliments en plein vent qui se contentent de bénéfices infinitésimaux font qu'elles répondent à des besoins moins urgents qu'en Angleterre ou en France. Les boulangers abusent cependant gravement de leur situation dans la plupart des villes, et l'union des consommateurs serait nécessaire pour briser leur coalition. A Rome une société recrutée dans un milieu homogène et intelligent, les employés d'administration, réussit fort bien.

[3] Une société fort intéressante est l'*Associazione artistica vetraria* d'Altare. Fondée en 1856 entre 86 artistes verriers, elle a relevé l'art de la verrerie dans cette localité et après diverses vicissitudes a obtenu de grands succès. Mais elle n'ouvre pas ses rangs indistinctement, et, comme la *Société des lunetiers* de Paris, elle emploie de nombreux salariés. M. Ugo Rabbeno, dans son intéressant ouvrage *le Società cooperative di produzione* (Milan, Dumolard 1889), signale comme un trait spécial du mouvement coopératif italien la formation récente des sociétés de manouvriers (*braccianti*). Elles peuvent remplacer très utilement les entrepreneurs et sous-entrepreneurs qui souvent ne sont que des intermédiaires parasites. Mais l'auteur signale judicieusement les faveurs administratives qu'elles sollicitent dans son pays ainsi qu'en France comme pouvant compromettre la sagesse et les vertus économiques nécessaires à la réussite de ces institutions.

suffrage au profit des classes populaires en l'accordant à quiconque
sait lire et écrire et remplit quelques autres conditions peu importantes. Depuis trois ans, il en était déjà ainsi pour l'électorat politique.
C'est une marche vers le suffrage universel qui a été calculée, par les
hommes de la gauche, de manière à écarter du vote, pendant toute
une génération, les éléments ruraux conservateurs.

. Les premières élections administratives sur ces bases nouvelles
doivent avoir lieu au mois d'octobre. Partout le *Consolato operajo*
multiplie appels et démarches pour faire inscrire le plus grand nombre
possible d'ouvriers sur les listes.

XVI. — Les congrès coopératifs annuels mettent bien en relief les
diverses tendances qui agitent cette masse encore peu consciente
d'elle-même. La plupart de ces sociétés ont été fondées sous l'influence
des diverses nuances du parti libéral. Plusieurs sont des moyens de
groupement politique, comme la *Fratellanza artigiana* de Florence
qui relève du mouvement mazzinien. Les libéraux sincères, qui ont
fondé les banques coopératives populaires, sont encore écoutés ; mais
peu à peu des voix plus avancées se font entendre et entraînent la
majorité. Ainsi, au congrès de Bologne, on a voté un programme
réclamant toutes sortes de faveurs administratives pour faciliter aux
sociétés ouvrières l'exécution des travaux publics. Ce n'est pas encore
du socialisme, il est vrai ; mais il est difficile de ne pas reconnaître là
l'influence du mouvement ouvrier français. Au sortir de ce congrès,
M. Luzatti a examiné, dans la *Nuova Antologia* du 16 octobre 1888, les
diverses tendances sociales des ouvriers italiens, et il a constaté avec
une grande loyauté que l'esprit purement libéral était en décadence,
et que l'influence passait de plus en plus aux socialistes d'une part,
aux sociétés catholiques de l'autre.

Le socialisme a été d'abord propagé par Mazzini et par les loges
maçonniques les plus avancées comme un article du programme républicain, mais en admettant encore la propriété individuelle. Le *parti
ouvrier* tend à se dégager du moule républicain formaliste du vieux
prophète et il affecte de se poser uniquement sur le terrain des
revendications sociales. Cette fraction-là est collectiviste et recourt
volontiers aux bombes, à la dynamite, comme moyen de frapper l'attention publique. Au dix-septième congrès ouvrier qui a eu lieu en juin,
à Naples, les théories républicaines et individualistes des mazziniens
l'ont emporté à une faible majorité. Les deux fractions sont violem-
ment antichrétiennes; seulement les mazziniens restent en général
spiritualistes, tandis que les socialistes de la nouvelle école sont
matérialistes.

Les principaux foyers socialistes sont à Milan, à la Spezzia, à Li-

vourne et Pise, dans les Marches, à Ravenne, Imola, Forli. C'est à
Ravenne et à Milan qu'ils ont fait élire les deux députés qui arborent
franchement à la Chambre leur drapeau. Les journaux purement
socialistes, qui éclosent à chaque instant, sont éphémères; mais
ils renaissent incessamment sur tous les points. Le peuple lit peu
encore en Italie. C'est surtout par les manifestations de la rue qu'on
l'agite. Aussi les chefs socialistes ont grand soin de prendre la tête
des célébrations révolutionnaires. C'est ainsi qu'ils ont fait les
meetings pour la paix, qui répondaient à un sentiment public très vif,
et la commémoration de la mort de Mazzini. Ces manifestations habi-
tuent les sociétés ouvrières à suivre leur impulsion.

Ce qui fait le danger du socialisme en Italie comme ailleurs, ce
sont les connivences du radicalisme politique. Il a été prouvé que
les malheureux ouvriers affamés qui ont fait à Rome l'émeute du
mois de février s'imaginaient que la présence au ministère comme
sous-secrétaire d'État d'un député très avancé, appelé Fortis, leur
assurait l'impunité. Crispi lui-même, avant d'être ministre, dans un
discours prononcé devant les ouvriers de Palerme le 13 mai 1886, leur
promettait l'émancipation de la plèbe, la vraie égalité et se répandait
en déclamations contre la bourgeoisie qui seule a profité, selon lui,
du progrès économique moderne et de la révolution italienne. Comment de pareilles excitations, suivies d'amères désillusions, n'enflam-
meraient-elles pas de haine des malheureux qui souffrent de la faim?

Malgré cela, le socialisme ne présente pas de danger immédiat.
La répression armée aurait facilement raison de toutes ses tentatives.
Les esprits réfléchis sont seuls à suivre les progrès silencieux que
l'idée fait. La masse bourgeoise compte peut-être trop sur le défaut
d'instruction du peuple et sur son esprit religieux.

XVII. — L'Italie est restée essentiellement une nation catholique.
Depuis vingt-neuf ans les lois les plus hostiles à l'Église ont été en
vain édictées. L'article 1ᵉʳ du Statut, ainsi conçu, reste toujours en
vigueur : « La religion catholique, apostolique et romaine est la seule
religion de l'État. Les autres cultes existant actuellement sont tolérés
conformément aux lois ». Si la franc-maçonnerie n'a pas osé le faire
abroger explicitement, c'est qu'elle a craint de provoquer un réveil de
la conscience populaire. Beaucoup d'adoucissements locaux ont été
apportés dans la pratique, par suite du sentiment des populations, à
l'application des mesures contre le clergé et les ordres religieux ainsi
qu'aux lois contre l'instruction religieuse[1]. Les provinces du Midi, qui

[1] En Piémont, en Vénétie, en Sicile, un certain nombre d'ecclésiastiques
sont encore instituteurs communaux : mais leur nombre diminue, parce
que le clergé ne se recrute plus suffisamment.

élisent les députés les plus radicaux, sont celles où ces accommode-
ments se pratiquent le plus, et à qui demande le secret de cette énigme
on répond par ce mot si italien *Chi lo sa?* Quand un ministre a proposé
une loi établissant le divorce, un sentiment unanime de réprobation
s'est produit dans toutes les classes [1], et le Sénat a rejeté la mesure.

L'homme du peuple est resté jusqu'à présent profondément croyant.
Son instruction religieuse laisse souvent à désirer; mais la foi le
saisit par les traditions, par les mœurs, par tout son être en un mot.
Nulle part on n'en est plus frappé qu'à Naples. Par suite du mauvais
gouvernement économique des Espagnols, cette ville a pris depuis le
dix-septième siècle un développement excessif, et elle présente le contraste le plus saillant entre l'opulence de quelques familles et l'extrême
pauvreté du très grand nombre. Nulle part les maisons ne sont plus
hautes et les familles ne sont plus entassées. Le caractère du peuple
est violent et mobile, et cependant Naples n'a jamais d'émeutes. Saint
Janvier et la Madone, dont l'image entourée de lampes est dans toutes
les chambres, gardent la ville bien mieux que la police. Les confréries
y ont encore toute leur importance. Il en est pour chaque condition.
Dans les unes il faut faire preuve de noblesse; une autre n'est composée
que de prêtres comme la Grande Confrérie de Notre-Dame à l'origine.
Un très grand nombre sont des confréries professionnelles qui réunissent les artisans et leurs compagnons de chaque métier et produisent
les meilleurs résultats sur le régime du travail. Pour avoir une idée de
la manière dont la religion garde l'âme populaire et des œuvres de
charité sans cesse renouvelées qu'elle inspire, il faut lire les vies de
deux Franciscains napolitains, l'un le padre Rosso, qui vivait au dix-
huitième siècle, l'autre le padre Lodovico da Casoria, notre contem-
porain, mort en 1885. L'une et l'autre ont été écrites par le cardinal
Capecelatro, archevêque de Capoue, un Napolitain lui-même, qui a
admirablement peint le caractère de ses compatriotes.

Ce que nous disons de Naples est vrai, quoique avec des traits moins
accentués, de toute l'Italie. Le peuple remplit les églises. Il y est vraiment chez lui; car, comme l'a fait remarquer Le Play, les distinctions
de richesse qui s'accusent dans les édifices du culte des nations du
Nord sont absolument annihilées en Italie dans la pratique commune
de l'égalité devant Dieu. Le ravissant ouvrage de Cesare Cantù, *le
Carnet d'un ouvrier italien*, donne bien une idée de l'état d'esprit
moyen du peuple de la Péninsule [2].

---

[1] Outre les écrits de M. Gabba, l'éminent professeur de Pise, nous rappel-
lerons ici le bel ouvrage de M. Antonio Salandra, depuis député et professeur à l'université de Rome, *Il divorsio in Italia*, Roma, 1882.

[2] Une élégante traduction française en a été donnée par M. Uzannas-
Joris, Paris, in-12. Didot, 1885.

Il ne faut pas se dissimuler cependant que les causes, partout en action, qui dans l'Europe occidentale affaiblissent les croyances et l'empire des bonnes coutumes,' la propagande des sectes, la presse impie, l'exemple des classes lettrées, agissent aussi sur les populations italiennes. La paix a été maintenue jusqu'à présent dans beaucoup de localités parce que les conseils communaux pouvaient choisir librement leurs instituteurs. Mais le ministère Crispi veut modifier la législation et les faire nommer par l'administration supérieure, de manière à avoir dans chaque paroisse un *anticuré*, selon l'expression de Thiers. Dans plusieurs grandes villes, notamment à Rome, les écoles communales sont des foyers de propagande impie.

Nous n'avons pas à examiner si, dans le passé, le clergé a partout été à la hauteur de sa mission. En tout cas, il s'est redressé sous la persécution. Depuis 1870 le Pape choisit partout librement les évêques et il nomme des hommes jeunes, capables, zélés et connaissant déjà les populations au milieu desquelles ils vont exercer leur ministère. Là encore, les moines, comme les chênes dont parle Montalembert, repoussent après avoir été abattus. Les diverses branches de l'ordre franciscain, particulièrement, montrent une vitalité très grande. Leurs biens ont été confisqués : ils se reforment et se réforment dans la pauvreté. De nouvelles congrégations naissent en se pliant au régime du droit commun, et l'on voit des couvents tout neufs s'élever dans les villes à côté des anciens convertis en caserne. Les œuvres de Don Bosco rappellent par leur étendue et leur popularité celles de Saint-Vincent de Paul. Mais le clergé séculier a été réduit à une extrême pauvreté par la confiscation des biens des séminaires et des chapitres, par la conversion de ses autres biens, par les taxes de toute sorte qui s'abattent sur les pauvres menses des prêtres de paroisse '. Or ils forment le cadre ecclésiastique essentiel et dans les campagnes on ne peut compter que sur eux. Cette pénible indigence est un grand obstacle à l'action religieuse; car l'Italien, habitué depuis des siècles à vivre de l'Église, ne comprend pas qu'il a maintenant à la soutenir par des contributions volontaires comme l'Irlandais et l'Anglais.

Un vénérable ecclésiastique, secrétaire de l'archevêché de Pérouse, exprime très bien le côté fâcheux de cette situation :

' La dîme, qui existait encore dans quelques provinces de la Vénétie, a été abolie par la loi du 14 juillet 1887 sans un accord préalable avec le Saint-Siège, qui s'y fût certainement prêté. On n'a donné aux curés que des compensations insignifiantes. Une jurisprudence plus équitable, inspirée par un éminent économiste, le sénateur F. Lampertico, a heureusement empêché son application aux dîmes bénéficiaires et patrimoniales. Celles-là au lieu d'être supprimées sans indemnité sont converties en une redevance pécuniaire. Voy. le très intéressant ouvrage de M. Lampertico, *La legge 14 luglio 1888 sulle Decime*, 2e édit. Padoue, Drucker et Sénigaglia, 1888.

Un clergé riche peut, avec des secours charitables abondants, gagner le peuple. Un clergé persécuté et réduit à la faim émeut le cœur de tous les bons catholiques et lui ouvre l'accès de toutes les familles par une sorte de charité filiale. Mais un clergé comme le nôtre, à qui la franc-maçonnerie a laissé tout juste du pain pour lui et rien à partager avec le pauvre, risque d'être isolé du peuple qui sait qu'il ne peut rien demander à son curé, sous peine de le réduire lui-même à la famine. Voilà pourquoi nous avons une influence moindre sur le peuple que le clergé autrichien, qui est riche, et même que le clergé prussien réduit, par les lois de mai, à la paille, emprisonné et expulsé.

Cette difficulté de vie matérielle créée au clergé est d'autant plus regrettable que les prêtres italiens sont à la fois très patriotes et très portés à s'occuper des intérêts économiques locaux. Ils en ont la tradition et le goût. La gestion des fondations ecclésiastiques, ne fût-ce que de la glèbe qui reste attachée à beaucoup de paroisses, leur en donne l'aptitude. A l'Exposition nationale de Turin en 1881, les œuvres économiques et scientifiques, dues à des membres du clergé, avaient été fort remarquées. Il est fâcheux qu'une fausse politique prive le pays de cette force.

Les hautes classes ont pendant longtemps été voltairiennes et aujourd'hui l'enseignement impie des lycées de l'Etat, le matérialisme professé dans maintes chaires des universités, aggravent le mal [1]. Mais d'autre part le zèle se développe chez les laïques sous l'influence de l'Œuvre des congrès catholiques, dont le centre est à Bologne.

La chaire chrétienne vient de retrouver un prestige qu'elle n'avait plus depuis longtemps avec le père Agostino da Montefeltro. Comme Lacordaire, à qui l'enthousiasme populaire aime à le comparer, il montre les harmonies éternelles de la religion avec les aspirations morales de l'âme humaine et fait justice des sophismes d'une fausse science. Le zélé Franciscain dans ses moments de loisir se

---

[1] Le voltairianisme d'autrefois et le matérialisme d'aujourd'hui sont peut-être des phénomènes plus superficiels qu'ailleurs. Non seulement l'Italien de toutes les classes est profondément dominé par les habitudes chrétiennes — témoin ce premier ministre anticlérical qui ne peut s'empêcher en se mettant à table de faire plusieurs signes de croix à la dérobée ; — mais encore le génie national est essentiellement porté à l'enthousiasme. Cette disposition intime se traduit par des formes littéraires qui contrastent avec le tour positif et un peu sec des écrivains français, allemands et anglais contemporains. Or l'enthousiasme est un des symptômes du spiritualisme et du catholicisme qui existent à l'état latent chez tous les Italiens. Aussi bien des esprits sincères se flattent que le jour où la Papauté pourrait enfin bénir l'Italie moderne, leur patrie romprait absolument avec les idées antichrétiennes, qui sont le résultat seulement des influences étrangères de la France autrefois, de l'Allemagne aujourd'hui, et que le catholicisme ressaisirait puissamment la direction de la société.

dévoue à un orphelinat destiné à former des ouvrières chrétiennes et bonnes mères de famille. Il montre ainsi la nécessité de l'amélioration pratique du sort du peuple auquel tout réveil religieux doit aboutir, Mais il ne tombe jamais au point de vue social dans la déclamation ni l'utopie. Ses entraînements oratoires ne portent que sur le terrain politique où le désir de réconcilier à tout prix la Papauté avec l'Italie unitaire ébranle tant d'intelligences, trouble tant de consciences.

L'ex-Père Curci est à peu près le seul catholique italien à donner dans la voie du prétendu socialisme chrétien. Son ouvrage : *Il cristianismo ed il socialismo*, où il en soutient les thèses, est une nouvelle preuve du défaut d'équilibre intellectuel et de la présomption qui caractérisent sa vieillesse.

L'esprit éminemment positif des Italiens les met à l'abri de ces aberrations et la liberté civile n'a rien à craindre chez eux. C'est un plan très pratique de patronage et d'association, fondé sur la liberté du travail et conforme aux idées de Le Play, que proposent M. Rossi, le grand industriel, dans son excellent écrit *Socialismo e Fraternato* (Florence 1888) [1] et le marquis Bottini dans son opuscule : *la Questione operaja e la Corporazione cristiana* (Lucques 1887). Parmi les écrits théoriques, nous retrouvons la même direction dans la lettre pastorale de Mgr Bonomelli, l'évêque de Crémone : *Proprietà e socialismo* [2], dans les remarquables ouvrages du baron d'Ippoliti, professeur à l'université de Naples [3], et dans un opuscule du professeur Toniolo, de Pise, destiné à servir de programme d'études et d'action à la fois à l'*Œuvre des congrès catholiques* [4].

XVIII. — Les œuvres ouvrières catholiques, en adoptant la forme moderne des sociétés de secours mutuels, ont conservé l'excellent

[1] L'auteur se prononce avec beaucoup d'énergie contre le rétablissement des corporations obligatoires tel que l'a fait l'Autriche, ou contre l'attribution de privilèges spéciaux aux corporations agréables à l'État. Il veut la corporation libre, comme les lois françaises et italiennes la permettent.

[2] Réimprimée dans son ouvrage intitulé : *Un po' di luce sopra sette verità capitali* (Reggio-Emilia, Arcosto, 1888). L'éminent prélat, examinant les remèdes à la triste situation des populations rurales, déclare qu'on ne peut songer à faire fixer par l'État le taux des salaires, et qu'aucune force au monde ne peut empêcher le rapport des offres et des demandes d'influer sur le prix de la main-d'œuvre. Mais il insiste sur le devoir de conscience des propriétaires de ne pas laisser souffrir d'une aussi extrême nécessité ceux qui cultivent leurs terres, et il leur prédit un nouveau 1793 au nom de la justice divine, s'ils ne se réforment pas.

[3] *Il problema sociale dell' operajo e la coscienza popolare*. Naples, 1878; et *Ingerenza dello Stato nelle funzioni economiche della società moderna*. Florence, 1884.

[4] *Proposta di un ordine di studj e di azione sociale in Italia*, Bergamo, 1889.

esprit des anciennes confréries. Elles sont fort nombreuses et c'est uniquement pour ne pas provoquer les persécutions administratives que l'on n'a pas donné leur statistique et qu'elles ne sont pas groupées en fédération centrale. A Milan, à Gênes, elles forment des fédérations locales capables de tenir tête aux socialistes. A Naples la *Federazione Napoletana ed associazione operaja cattolica Leone XIII* réunit près de 14 000 ouvriers animés d'un excellent esprit et attachés aux meilleures traditions du passé. Aussi le préfet vient-il de la dissoudre. Mais la société que l'on doit citer à tous les titres comme leur type est la *Società artistica ed operaja di carità reciproca de Rome.*

Elle a été fondée en 1871 parmi les catholiques fidèles au Saint-Père et elle compte aujourd'hui plus de 3000 membres. Les membres effectifs sont participants ou non participants. A leur volonté ils peuvent toujours passer d'une classe dans l'autre, en sorte qu'il n'y a aucune inégalité entre eux. Ils sont répartis en huit sections professionnelles : 1° personnel de santé; 2° beaux-arts et annexes; 3° propriétaires, administrateurs et leurs employés; 4° typographes, libraires et similaires; 5° producteurs et marchands d'objets d'habillement; 6° producteurs et marchands de substances alimentaires; 7° artisans des métiers; 8° domestiques et employés subalternes. Le conseil général, qui élit le président et les vice-présidents et en qui réside tout le pouvoir, est composé de 48 membres élus dans des proportions déterminées par chacune de ces huit sections. Les membres honoraires en élisent quatre autres. Un délégué ecclésiastique est nommé par l'autorité religieuse. A part cela, aucune mesure n'est prise pour assurer la prépondérance des *classes dirigeantes* et se précautionner contre le suffrage universel. Le conseil élu se renouvelle périodiquement et recrute souverainement les membres de la société. Depuis dix-huit ans ce règlement, fondé sur la confiance qu'on doit avoir en des hommes groupés au nom de leur foi religieuse, a donné les meilleurs résultats à tous les points de vue.

Les premiers citoyens catholiques de la ville ont toujours été appelés à la tête de la société et dans son sein s'établissent les rapports entre hommes de différentes conditions qui sont la base de la vie municipale [1]. La société a pour âme Mgr Domenico Jacobini qui l'a fondée et qui, après avoir rempli, dans la journée, ses hautes fonctions à la Propagande, vient passer toutes ses soirées avec les artisans et les ouvriers du cercle. La *Società artistica ed operaja* exerce directement

[1] Parmi les principaux personnages qui figurent à la tête de la Société et de la Banque, nous citerons seulement ceux du comte Francesco Vespignani, du prince Camillo Rospigliosi, du marquis Andrea Passari, du duc d'Artaglia, de M. Camillo Ré, l'illustre savant, du prince Marco Chigi, du duc de Sora, du marquis Alfonso Theodoli, du duc de Mondragone.

son action au moyen d'une confrérie, d'une société de secours mutuels, d'écoles du soir pour les enfants et les adultes, où tous les professeurs, jeunes avocats ou *monsignori*, enseignent gratuitement, d'un cercle ouvrier ouvert *via Testa Spacata*, au centre de la vieille Rome.

Une fois solidement assise et disposant d'un noyau d'hommes habitués à agir de concert, la *Società artistica ed operaja* est entrée dans la voie des fondations économiques. En 1882, elle a créé une banque coopérative sur le type de celles de M. Luzzati. Cette banque a été en progrès constants. Au 1er janvier 1889 elle avait 1115 associés ayant 8694 actions, soit 434 700 francs de capital. En 1887, année de grande activité pour les affaires, elle avait escompté 5196 effets pour une valeur de 5 328 385 francs et avait eu un mouvement de caisse de 112 108 445 millions. Les bénéfices nets ont été de 40 847 francs qui, après avoir pourvu à la réserve, ont permis de distribuer un dividende de 5 fr. 04 par action, soit 10 pour 100. La *Banca* attribue en outre le 5 pour 100 de ses bénéfices aux œuvres de bienfaisance de la *Società artistica ed operaja* et consacre une certaine somme aux prêts d'honneur. Le bilan de 1888 est non moins satisfaisant, quoique attestant un moindre mouvement d'affaires. En 1889, la Banque a ouvert une succursale à Sienne et ce n'est qu'un premier pas dans la voie de son extension au dehors.

En 1886, le même groupe a fondé une société coopérative pour la construction de maisons économiques. Elle a acheté deux îlots de maisons, l'un à San Gregorio in Cælio, l'autre au Monte Testaccio. Ces logements sont recherchés; malheureusement les frais de construction et les impôts sont tellement élevés à Rome que ces appartements sont accessibles seulement aux ouvriers d'art gagnant un salaire de 4 francs par jour [1]. Cela indique la difficulté des œuvres de ce genre. Mais rien de plus efficace n'a été fait à Rome ni à Naples [2], et la crise immobilière actuelle retarde inévitablement leur essor.

Il faut espérer que les sociétés catholiques ouvrières des autres villes de l'Italie suivront cet exemple et ne se borneront pas aux secours mutuels qui ne peuvent donner que des résultats limités. Les logements

[1] Voici le prix de location des appartements de l'île de Monte Testaccio : boutique de deux [pièces : 360 francs par an; appartement d'une pièce, 132 francs; de deux pièces (chambre et cuisine), 228 francs; de trois pièces, 300 francs; de quatre pièces, 360 francs. L'eau aux divers étages est comprise dans ces prix.

[2] A Milan, la *Società edificatrice di abitazioni operaje*, créée par le *Consolato operajo*, il y a dix ans, a édifié cinq cents logements, les uns en petites maisons destinées à être vendues par annuités à des ouvriers ou employés, les autres en maisons à appartements destinées à la location. Elle est arrivée à ce résultat en employant des sociétés coopératives d'ouvriers du bâtiment et en empruntant elle-même à la *Banca popolare*.

ouvriers, le crédit populaire et les diverses sociétés d'achats en commun, voilà les trois œuvres éminemment pratiques du temps. Le mouvement coopératif et celui des banques populaires ont trop souvent jusqu'à présent relevé d'influences hostiles ou étrangères au catholicisme.

XIX. — Ce n'est pas sortir de l'objet propre de cette étude que de constater combien la situation douloureuse faite au Saint-Siège pèse sur l'état social et politique du pays. Une partie des classes supérieures, entraînée par son amour pour l'unité, a donné pendant la période révolutionnaire, et continue encore à donner, malgré ses principes sociaux, son appui aux éléments radicaux. Or ces éléments tournent aujourd'hui à la république et au socialisme. Une autre partie non moins notable s'abstient de participer à la vie politique pour ne pas subir de compromissions contraires à ses devoirs envers la Papauté [1]. Même sur le terrain administratif, elle ne peut exercer l'influence à laquelle elle aurait droit; car le gouvernement traite en ennemis les catholiques fidèles au Pape. Il persécute leurs sociétés ouvrières, là où il croit le pouvoir impunément, on l'a vu l'an dernier à Gênes et on vient de le voir à Naples. Il ruine le clergé en détail et cherche à l'humilier. Cette divergence d'action des forces sociales est très dangereuse pour l'avenir moral du peuple.

D'autre part la question romaine, en restant toujours ouverte, constitue pour l'Italie une cause permanente de faiblesse. L'union du Sud avec le Nord n'est pas tellement cimentée, les souvenirs de la vie plus douce dont on jouissait sous les Bourbons ne sont pas assez oubliés par les classes populaires pour que le nouveau royaume soit absolument invulnérable dans un cataclysme européen, qu'il aboutisse à la domination des monarchies militaires du Nord ou au triomphe du principe républicain [2]. Toutefois, n'était la question

---

[1] Les abstentions sont encore plus nombreuses en Italie qu'en France. Dans une récente élection législative à Modène, sur 25 000 électeurs inscrits, 6000 seulement ont pris part au vote.

[2] Le vieil esprit municipal toujours vivace pourrait à l'occasion ouvrir la porte à la république. Nous relevons, à titre de symptôme, car ce n'est pas la seule fois que nous avons entendu exprimer cette pensée, ces paroles d'un écrivain catholique, d'ailleurs très dur pour les *espoirs de restaurations baroques* et pour « l'attachement d'une partie du peuple napolitain aux Bourbons » :

« Ce n'est pas être l'ennemi de notre chère patrie que de proposer pour elle au lieu de l'imitation des États centralisés *une fédération non pas de princes mais de cités, comme les États-Unis d'Amérique ou les cantons suisses,* avec l'avantage en plus d'avoir à sa tête une tradition glorieuse et un patronage souverain modérateur tels que le pontificat romain. Les efforts faits pour ajuster l'Italie à l'organisation administrative et politique du Piémont sont contraires à ses intérêts. Il l'est non moins de prétendre faire de ces cités les esclaves d'un centre, à qui on a enlevé une grandeur

romaine, l'Italie pourrait vivre en paix, sûre qu'aucune puissance ne l'attaquera jamais spontanément. Elle pourrait, sans être écrasée par un état militaire excessif, suivre sa vocation économique véritable, et, fière d'avoir regagné au prix de grands efforts le temps perdu par les anciens gouvernements, jouir des progrès matériels qui constituent l'outillage des peuples modernes et pour lesquels elle n'est plus inférieure à aucun. Étant données sa configuration territoriale et sa pauvreté en combustibles minéraux, elle ne doit chercher ni à être une puissance guerrière, ni à devenir le concurrent des grands pays manufacturiers. Elle devrait songer seulement à développer ses industries domestiques et artistiques, à assurer par des traités de commerce équitables, la vie à bon marché pour laquelle la nature l'a si bien douée. Il suffirait à sa gloire de protéger par sa diplomatie et sa marine ses émigrants sur tous les points du monde où l'instinct de leurs intérêts les pousse. Dès que l'équilibre aurait été rétabli dans les budgets, la rente dépasserait le pair et la conversion de la dette, seul moyen, avec la réduction de l'armée, d'alléger le poids des impôts, pourrait enfin se réaliser.

Les Italiens s'irritent parfois que les catholiques des autres pays revendiquent les droits qu'ils ont sur la cité des papes. Ils ne peuvent pas supprimer l'histoire, les monuments de toute sorte, les fondations toujours subsistantes qui attestent que la conservation de Rome au moyen âge et sa grandeur dans les siècles suivants ont été dues uniquement à la Papauté et au concours constant de l'univers chrétien. Si les Italiens veulent mettre un terme à ces revendications et guérir définitivement le nouveau royaume de son infirmité congénielle, qu'ils fassent spontanément au Saint-Siège les réparations nécessaires pour assurer cette indépendance absolue qui doit être une souveraineté. Ce serait la meilleure application du mot fameux : *l'Italia farà da se.*

de destinées uniques pour en faire la contrefaçon avortée de Paris et de Berlin. » Pier Biagio Casoli, *Da Roma a Firenze* (Milano. S. Ghezzi, 1880.)

L'histoire se répète. La monarchie piémontaise est gibeline et l'Italie reste toujours guelfe, malgré des entraînements passagers.

PARIS. — E. DE SOYE ET FILS, IMPR., 18, R. DES FOSSES-S.-JACQUES.

4